Homilías/Homilies

Reflexiones sobre las Lecturas Dominicales
Reflections on the Sunday Readings

Ciclo/Cycle C
Tomo/Book 3

Deacon Frank Enderle
Diácono Francisco Enderle

ISBN 978-0-9987275-2-3
©2003 Frank Enderle
All rights reserved
Derechos reservados
Enderle Publishing

Índice

Introducción............................1

ADVIENTO
Primer Domingo....................2
Segundo Domingo................4
Tercer Domingo....................6
Cuarto Domingo...................8

NAVIDAD
Sagrada Familia..................10
Epifanía del Señor..............12

TIEMPO ORDINARIO
Bautismo del Señor.............14
Segundo Domingo..............16
Tercer Domingo..................18
Cuarto Domingo.................20
Quinto Domingo.................22
Sexto Domingo...................24
Séptimo Domingo...............26
Octavo Domingo.................28
Noveno Domingo................30

CUARESMA
Primer Domingo.................32
Segundo Domingo..............34
Tercer Domingo..................36
Cuarto Domingo.................38
Quinto Domingo.................40
Domingo de Ramos............42

DOMINGOS DE PASCUA
Domingo de Pascua............44
Segundo Domingo..............46
Tercer Domingo..................48
Cuarto Domingo.................50
Quinto Domingo.................52
Sexto Domingo...................54
Séptimo Domingo...............56

SOLEMNIDADES DEL SEÑOR DURANTE EL TIEMPO ORDINARIO
Domingo de Pentecostés....58
Santísima Trinidad..............60
Cuerpo y Sangre de Cristo....62

TIEMPO ORDINARO
Décimo Domingo................64
Undécimo Domingo............66
Duodécimo Domingo..........68
Decimotercero Domingo.....70
Decimocuarto Domingo......72
Decimoquinto Domingo......74
Decimosexto Domingo........76
Decimoséptimo Domingo...78
Decimoctavo Domingo.......80
Decimonoveno Domingo....82
Vigésimo Domingo..............84
Vigésimo Primer Domingo....86
Vigésimo Segundo Domingo....88
Vigésimo Tercer Domingo....90
Vigésimo Cuarto Domingo....92
Vigésimo Quinto Domingo....94
Vigésimo Sexto Domingo....96
Vigésimo Séptimo Domingo....98
Vigésimo Octavo Domingo....100
Vigésimo Noveno Domingo....102
Trigésimo Domingo..............104
Trigésimo Primer Domingo....106
Trigésimo Segundo Domingo....108
Trigésimo Tercero Domingo....110
Jesucristo, Rey del Universo....112

HOMILÍAS/HOMILIES

Este libro contiene reflexiones en español, con sus traducciones al inglés. Fue escrito para los diáconos y sacerdotes que prefieren usar libros de papel con reflexiones para preparar sus homilías en vez de usar Internet para buscarlas. La diferencia entre este libro bilingüe y otros es que las homilías fueron escritas en español y traducidas al inglés y no al revés, como se suele hacer en otros libros. Esperamos que estos libros sean útiles tanto para los predicadores de habla Hispana como para los de habla inglesa que tienen que predicar en español.

Usted tiene permiso para usar cualquier homilía publicada en este libro para su propia reflexión y meditación. Puede usarla, tal cual o en parte, para predicar. No tiene permiso para usarla para cualquier fin comercial o como parte de una obra literaria, sea para vender o no, sin el permiso expreso por escrito del titular de los derechos reservados.

Table of Contents

Introduction ... 1

ADVENT
First Sunday .. 3
Second Sunday ... 5
Third Sunday . 7
Fourth Sunday ... 9

CHRISTMAS SEASON
Holy Family .. 11
Epiphany ... 13

ORDINARY TIME
Baptism of the Lord... 15
Second Sunday ... 17
Third Sunday ... 19
Fourth Sunday ... 21
Fifth Sunday.. 23
Sixth Sunday . 25
Seventh Sunday ... 27
Eighth Sunday ... 29
Ninth Sunday. 31

LENT
First Sunday . 33
Second Sunday ... 35
Third Sunday ... 37
Fourth Sunday ... 39
Fifth Sunday . 41
Palm Sunday.. 43

SUNDAYS OF EASTER SEASON
Easter Sunday ... 45
Second Sunday ... 47
Third Sunday ... 49
Fourth Sunday ... 51
Fifth Sunday . 53
Sixth Sunday ... 55
Seventh Sunday ... 57

SOLEMNITIES OF THE LORD WITHIN ORDINARY TIME
Pentecost ... 59
Holy Trinity .. 61
Corpus Christi ... 63

ORDINARY TIME
Tenth Sunday. 65
Eleventh Sunday ... 67
Twelfth Sunday... 69
Thirteenth Sunday... 71
Fourteenth Sunday ... 73
Fifteenth Sunday ... 75
Sixteenth Sunday ... 77
Seventeenth Sunday . 79
Eighteenth Sunday ... 81
Nineteenth Sunday ... 83
Twentieth Sunday ... 85
Twenty First Sunday . 87
Twenty Second Sunday... 89
Twenty Third Sunday ... 91
Twenty Fourth Sunday 93
Twenty Fifth Sunday ... 95
Twenty Sixth Sunday ... 97
Twenty Seventh Sunday... 99
Twenty Eighth Sunday... 101
Twenty Ninth Sunday ... 103
Thirtieth Sunday... 105
Thirty First Sunday .. 107
Thirty Second Sunday ... 109
Thirty Third Sunday.. 111
Christ the King Sunday ... 113

HOMILÍAS/HOMILIES

This book contains homilies in Spanish, with English translations, for Liturgical Year B. It was written for deacons and priests who prefer to read the homilies in book form instead of on the Internet. The difference between this bilingual book and others of the same genre is that these homilies were written first in Spanish and translated into English, not vice versa, as is done in other books. We hope that they will be useful not only for those who are native Spanish speakers but also for those who speak English but have to preach in Spanish.

You have permission to use any of the homilies in this book for your own reflection and meditation. You may use them, in whole or in part, to preach. You may not use them for commercial gain or as part of any literary work, whether that work will be published for sale or not, unless you have the express written permission of the copyright holder.

Dedicación/Dedication

*Dedico este libro y toda la serie de libros Homilías/Homilies
a mi esposa Osane Miren Imanole Jiménez de Bentrosa de Enderle (Q.E.P.D.).
Sin su colaboración y su habilidad editorial nunca se hubiera escrito este libro.
Diácono Francisco Xavier Enderle Pérez*

*I dedicate this book and all of the books in the Homilías/Homilies series
to my wife Osane Miren Imanole Jimenez de Bentrosa Enderle (RIP).
Without her collaboration and editing skills this book would never have been written.
Deacon Francisco Xavier Perez Enderle*

Homilías/Homilies
Reflexiones sobre las Lecturas Dominicales

Reflections on the Sunday Readings

Ciclo/Cycle C

Tomo/Book 3

Introducción/Introduction

En el año 2000, Monseñor Frank Friedl y Diácono Ed Macauley le pidieron al Diácono Francisco Enderle, que entonces era el Director Ejecutivo del Diaconado Permanente de la Arquidiócesis de Washington, que escribiese homilías en español para la página web, www.homiliesalive.com. Ya en el 2002, el Diácono Enderle, se había mudado a Harrisburg, Pensilvania después de dejar su puesto en la Arquidiócesis de Washington. En este mismo año empezó a publicar en su propio sitio de Internet, www.homilias.net, traducciones homilías en español con sus traducciones en español. En el año 2005, el diacono ya había escrito 3 libros de pasta blanda de reflexiones sobre las lecturas de las misas dominicales – para los años litúrgicos A, B y C. Ese mismo año, el diacono termino tres pequeños libros de pasta blanda de reflexiones sobre las lecturas de Días de Precepto para los tres años litúrgicos. El libro que tiene usted en la mano en este momento es el tercer tomo de reflexiones sobre las lecturas dominicales de Ciclo C.

In the year 2000, Msgr. Francis Friedl and Deacon Ed Macauley asked Deacon Frank Enderle, who at that time was the Executive Director of the Permanent Diaconate in the Archdiocese of Washington, to write homilies in Spanish for their webpage, www.homiliesalive.com. By 2002, Deacon Enderle had moved to Harrisburg, Pennsylvania, had left his position with the Archdiocese of Washington. It was there that he began publishing Spanish homilies with translations in English on his own website www.homilies.net. This was one of the first websites in the United States to do so. By 2005, the deacon had written three paperback books of reflections for Sunday Masses – for liturgical years A, B and C. That same year he finished and published three smaller paperback books containing reflections for the readings on Holy Days of Obligation. The book you now have in your hands is the third book of reflections written for Sunday Cycle C.

Este libro contiene reflexiones en español, con sus traducciones al inglés. Fue escrito para los diáconos y sacerdotes que prefieren usar libros de papel con reflexiones para preparar sus homilías en vez de usar Internet para buscarlas. La diferencia entre este libro bilingüe y otros es que las homilías fueron escritas en español y traducidas al inglés y no al revés, como se suele hacer en otros libros. Esperamos que estos libros sean útiles tanto para los predicadores de habla Hispana como para los de habla inglesa que tienen que predicar en español.

This book contains Spanish homilies with English translations. It is published specifically for deacons and priests who prefer to read homily reflections in a paper book format rather than on the Internet. The difference between this bilingual book and others is that these homilies were originally written in Spanish and translated into English, not vice-versa, as in other books. We hope that these books will be useful to native Spanish speakers who preach as well as to native English speakers who find they must preach in Spanish.

Primer Domingo de Adviento
Ciclo C Tomo 3
Lecturas: (L1) Jeremías 33, 14-16 (L2) 1 Tesalonicenses 3, 12-4, 2 (Ev) Lucas 21, 25-28. 34-36

Este domingo empezamos la temporada de Adviento, un periodo de cuatro semanas que culmina con las celebraciones litúrgicas de Navidad. Durante esta temporada, debemos estar mirando hacia el futuro, preparándonos dignamente para la venida de Jesucristo.

Hemos escuchado, en la Primera Lectura, al Profeta Jeremías citar las palabras de Dios. Al anunciar el advenimiento, el nacimiento, del Mesías, El Señor lo describe como *"un vástago santo, que ejercerá la justicia y el derecho en la tierra"*. Y aunque han pasado veinte siglos desde que se cumplió esa profecía al nacer Nuestro Señor en esa primera Navidad, la Iglesia, mediante las celebraciones litúrgicas cada temporada de Adviento, nos presenta este acontecimiento como cercano. Por eso, cada año, durante el Adviento, los cristianos nos disponemos a conmemorar el nacimiento de nuestro Salvador. Sin embargo, en este Primer Domingo de Adviento, la Iglesia también nos recuerda que nos encontraremos con Nuestro Señor al final de nuestra vida. Y que ese encuentro puede sucede en cualquier momento. Por eso, nos pide que nos mantengamos alerta y preparados.

Lo que debemos recordar es que Jesucristo se hizo hombre para liberarnos del pecado original que cometieron nuestros primeros antepasados, Adán y Eva. Y, a la vez, en su misericordia, nos dio la oportunidad de confesar nuestros propios pecados y reconciliarnos con El. En otra parte del libro del Profeta Jeremías, Dios le pide al profeta que le diga al pueblo de Israel: "¡Vuelve,… y no te mostraré un rostro severo, porque yo soy misericordioso… y no guardo rencor para siempre…!" (Jeremías 3, 12). El Profeta reconoce que a pesar de la actitud de la humanidad, Dios no condena a todos por igual. Siempre sale al encuentro del ser humano que practica la justicia y sigue los mandamientos que Dios mismo le ha dado. Nos da la oportunidad de convertirnos, de cambiar nuestras vidas, y de volver a Él, si nos hemos extraviado.

En la Segunda Lectura, San Pablo habla de la esperanza que debemos tener todos los cristianos. Nos dice que debemos tratar de conservar nuestros corazones irreprochables en la santidad ante Dios, nuestro Padre, hasta el día en que nos encontremos cara a cara con el Señor porque ese día puede llegar en cualquier momento. Nos pide reconocer la misericordia que el Señor tiene por nosotros y agradecer los dones divinos que Dios nos ha concedido por mediación de su Hijo, Jesucristo y prepararnos para nuestro encuentro con El.

¿Cómo prepararnos? Lo primero, manteniéndonos en oración, en espera, ya que todos los humanos tenemos la tendencia a dejarnos llevar, precisamente en esta época de Adviento, por la demanda del mundo material, por la gula y el consume desenfrenado. La Iglesia, durante esta temporada de Adviento, nos invita a que nos liberemos del pecado. Nos ofrece la auténtica libertad que viene de reconocer que somos todos hijos e hijas de Dios. Nos ofrece la posibilidad de reconciliarnos con nuestro Padre Celestial, a través del Sacramento de la Penitencia y, de esa manera, prepararnos dignamente para nuestro encuentro con El.

Hermanas y hermanos en Cristo, hoy en la Santa Misa la Iglesia no solo nos recuerda que nuestro encuentro con Jesucristo, Dios-entre-nosotros, está cercana sino que nos dice que puede llegar en cualquier momento. Por lo tanto, toda nuestra vida debe ser un tiempo de adviento, un tiempo de preparación continuado. Que este Adviento sea en nuestra comunidad una temporada de reconciliación, de sobriedad y de paz. Y que el Espíritu Santo nos colme con su gracia para que el amor a Jesucristo vaya creciendo, poco a poco, en nosotros corazones.

First Sunday of Advent
Cycle C Book 3
Readings: (R1) Jeremiah 33, 14-16 (R2) 1 Thessalonians 3, 12-4.2 (Gos) Luke 21, 25-28. 34-36

This Sunday we begin the Advent season, a four-week period that culminates with the liturgical celebrations of Christmas. During this season, we must be looking to the future, worthily preparing for the coming of Jesus Christ.

We have heard, in the First Reading, the words of God, pronounced by the Prophet Jeremiah. As he announces the advent, the birth, of the Messiah, the Lord says: *"I will make a righteous Branch sprout from David's line; he will do what is just and right in the land."* And although twenty centuries have passed since that prophecy was fulfilled when Our Lord was born on that first Christmas, the Church, through the liturgical celebrations each Advent season, presents this event to us as close to us That is why every year during Advent, we Christians prepare to commemorate the birth of our Savior. However, on this First Sunday of Advent, the Church also reminds us that we will meet Our Lord at the end of our lives. And that meeting can happen at any time. Therefore, she asks us to stay alert and be prepared.

What we must remember is that Jesus Christ became man to free us from original sin committed by our first ancestors, Adam and Eve. And, at the same time, in his mercy, he gave us the opportunity to confess our own sins and reconcile ourselves to him. In another part of the book of the Prophet Jeremiah, God asks the prophet to tell the people of Israel: *"Return ... 'I will frown on you no longer, for I am faithful, 'I will not be angry forever.'"* (Jeremiah 3: 12). The Prophet recognizes that despite the attitude of mankind, God does not condemn everyone equally. He always goes out to meet whoever practices justice and follows the commandments that God himself has given. It gives us the opportunity to convert, to change our lives, and to return to Him if we have strayed.

In the Second Reading, Saint Paul speaks of the hope that all Christians must have. It tells us that we should try to keep our hearts unblemished in holiness before God, our Father, until the day we come face to face with the Lord because that day can come at any moment. He asks us to recognize the mercy that the Lord has for us and to be grateful for the divine gifts that God has given us through his Son, Jesus Christ, and to prepare ourselves for our encounter with him.

How do we prepare? First, by praying and waiting, since all of us humans have the tendency to allow ourselves be carried away, precisely at this time of Advent, by the demand of the material world, by gluttony and unbridled consumption. The Church, during this season of Advent, invites us to free ourselves from sin. It offers us the true freedom that comes from recognizing that we are all sons and daughters of God. It offers us the possibility of reconciling ourselves with our Heavenly Father, through the Sacrament of Penance and, in this way, preparing ourselves worthily for our encounter with Him.

Sisters and brothers in Christ, today at this Holy Mass the Church not only reminds us that our encounter with Jesus Christ, God-among-us, is close but also tells us that it can happen at any time. Therefore, our whole life should be a season of Advent, a time of continual preparation. May this Advent be a season of reconciliation, sobriety and peace in our community. And may the Holy Spirit fill us with his grace so that the love of Jesus Christ grows, little by little, in our heart.

Segundo Domingo de Adviento
Ciclo C Tomo 3
Lecturas: (L1) Baruc 5, 1-9 (L2) Filipenses 1, 4-6. 8-11 (Ev) Lucas 3, 1-6

Este domingo, el segundo de Adviento, la Iglesia nos sugiere que meditemos sobre la figura de San Juan el Bautista. En el Evangelio San Lucas nos dice que el profeta Isaías se refería a Juan cuando dijo, *"Una voz grita en el desierto: Preparen un camino al Señor; hagan sus senderos rectos".* Aunque es verdad que los profetas del Antiguo Testamento anunciaron la llegada del Mesías, ellos no sabían exactamente cómo sería. Pensaban que iba ser una persona muy importante en el campo político y militar. Entonces, aparece Juan y declara que no será así. La predicación de Juan el Bautista es cómo una línea divisora entre la profecía del Antiguo Testamento y el Nuevo Testamento. Juan anuncia el fin de la espera del Mesías y la inauguración del Reino de Dios.

Para establecer la importancia de la profecía de Juan, las Sagradas Escrituras nos dicen que Juan fue escogido por Dios para ser profeta. Fue santificado como tal antes de nacer, cuando aún estaba en el vientre de su madre, Santa Isabel, que era prima de la Virgen María. Al acercarse a su prima, la Virgen llevaba al niño Jesús en sus entrañas. Juan también estaba aún en el vientre de su madre pero a pesar de esto anunció, con un salto de alegría, la presencia de Jesús. La misión de Juan, ya en el vientre de su madre, era anunciar la llegada del Mesías y ser profeta del Señor. Al nacer Juan, su padre, Zacarías, lleno del Espíritu Santo, dijo que su hijo iba ser "el Profeta del Altísimo." Desde antes de su nacimiento la misión de Juan siempre fue ir delante del Señor, preparando a las personas para la llegada del Mesías.

Aprendamos la humildad de este gran hombre. Juan nos enseña el camino que debemos seguir para ser buenos cristianos. Observando su conducta podremos aprender cómo acercar a otros a Cristo y cómo alejarnos de la vanagloria. Todo cristiano tiene el deber de evangelizar, de comunicar la buena noticia de Nuestro Señor Jesucristo a todos los que encuentra en su entorno.

Como Juan el Bautista, hemos de dar testimonio de nuestra fe cristiana con nuestra buena vida. Solo de esta manera podemos acercar a otros al Señor. Juan decía que cada uno debía enderezar su vida. Este Segundo Domingo de Adviento es tiempo de analizar nuestra propia fe cristiana. La actitud de Juan nos invita a convertirnos y dejar el pecado. Esto, hoy en día, es más difícil que nunca. Debemos analizar nuestra propia vida con un buen examen de conciencia para ver cuáles son nuestros puntos débiles y nuestros puntos fuertes. ¿Seguimos lo que el Señor nos pide? ¿O queremos que Dios se acomode a nuestras conveniencias? ¿Gritamos, cómo Juan, contra las injusticias, contra el divorcio, contra el aborto? ¿O aceptamos estas cosas como parte de la vida normal? Venzamos ese afán de creer que somos mejores que los otros. Seamos más conscientes de los pecados que la sociedad acepta como normales. Acudamos con frecuencia al sacramento de la Penitencia. Confesemos nuestros pecados y hagamos la penitencia necesaria. Así podremos recibir el Cuerpo y la Sangre de Nuestro Señor dignamente en la Sagrada Eucaristía.

La Iglesia, a través del año litúrgico y a través del tiempo de Adviento, nos anuncia al Señor. Nos lo proclama ya próximo. Seamos generosos esperando su venida. Sigamos el ejemplo de Juan el Bautista. Él nos enseña, con su vida ejemplar y su valentía, que aunque seguir a Dios a veces no es fácil, si lo intentamos Dios nos dará la fuerza necesaria para hacerlo.

Second Sunday of Advent
Cycle C Book 3
Readings: (R1) Baruch 5:1-9 (R2) Philippians 1:4-6, 8-11 (Gos) Luke 3:1-6

This Sunday, the second Sunday of Advent, the Church suggests that we meditate on the figure of Saint John the Baptist. In the Gospel, Saint Luke tells us that the prophet Isaiah was referring to John when he said, "A voice cries out in the desert: Prepare a way for the Lord; make your paths straight." Although it is true that the Old Testament prophets announced the arrival of the Messiah, they did not know exactly what he would be like. They thought that he would be a very important person in the political and military field. Then, Juan appears and declares that it will not be like that. The preaching of John the Baptist is like a dividing line between the prophecy of the Old Testament and the New Testament. John announces the end of the wait for the Messiah and the inauguration of the Kingdom of God.

To establish the importance of John's prophecy, the Holy Scriptures tell us that John was chosen by God to be a prophet. He was sanctified as such before he was born, when he was still in the womb of his mother, Saint Elizabeth, who was a cousin of the Virgin Mary. When approaching her cousin, the Virgin carried the baby Jesus in her womb. John was also still in his mother's womb, but despite this he announced, with a leap of joy, the presence of Jesus. John's mission, already in his mother's womb, was to announce the arrival of the Messiah and be a prophet of the Lord. When John was born, his father, Zacharias, filled with the Holy Spirit, said that his son was going to be *"the Prophet of the Most High."* From before his birth, John's mission was always to go before the Lord, preparing people for the arrival of the Messiah.

Let's learn from the humility of this great man. John shows us the path we must follow to be good Christians. By observing his behavior we can learn how to bring others closer to Christ and how to keep from boasting. Every Christian has the duty to evangelize, to communicate the good news of Our Lord Jesus Christ to all those around him.

Like John the Baptist, we are to bear witness to our Christian faith with our good life. Only in this way can we bring others closer to the Lord. Juan said that each person should straighten out their life. This Second Sunday of Advent is a time to analyze our own Christian faith. John's attitude invites us to conversion and to walk away from sin. This, today, is more difficult than ever. We must analyze our own life with a good examination of conscience to see what our weak points and our strong points are. Do we do what the Lord asks of us? Or do we want God to adapt to our convenience? Do we cry out, like John, against injustices, against divorce, against abortion? Or do we accept these things as part of normal life? Let us overcome that urge to believe that we are better than others. Let us be more conscious of the sins that society accepts as being normal. Let us go frequently to the sacrament of Penance. Let's confess our sins and do the necessary penance. Thus we can receive the Body and Blood of Our Lord with dignity in the Holy Eucharist.

The Church, throughout the liturgical year and throughout the Advent season, announces the Lord to us. She proclaims him to us now. Let's be generous as we await his coming. Let's follow the example of John the Baptist. He teaches us, with his exemplary life and his courage, that although following God is sometimes not easy; if we try, God will give us the necessary strength to do so.

Tercer Domingo de Adviento

Ciclo C Tomo 3
Lecturas: (L1) Sofonías 3, 14-18a (L2) Filipenses 4, 4-7 (Ev) Lucas 3, 10-18

Las lecturas que hoy hemos escuchado nos hablan del adviento como tiempo de alegría y esperanza. La alegría para un cristiano es estar cerca de Dios y la tristeza es cuando nos alejamos de Él. Nuestra alegría es la alegría de Cristo que trae justicia y paz.

Hoy en día, en el mundo no vemos mucha alegría. La razón de esto es que el ser humano solo puede adquirir la verdadera alegría cuando logra separarse de sí mismo, cuando mira hacia fuera, cuando consigue desviar la mirada de las cosas del mundo. La alegría que da el mundo es pobre y pasajera. Sin embargo, la persona que sigue a Jesucristo y se desprende de las cosas materiales siente otra clase de alegría. Es capaz de perdurar en medio de las dificultades, el dolor, la enfermedad o los fracasos. Sabe llevar las contrariedades y sabe ofrecérselas a Dios. Ahora tenemos más motivos de alegría que nunca. Las fiestas del nacimiento de Nuestro Señor se acercan. Esta proximidad hace que la Iglesia deje un poco la austeridad del adviento y muestra su alegría. Incluso los cantos son más alegres y las lecturas más consoladoras.

En el Evangelio de hoy, San Juan el Bautista nos dice lo que debemos hacer para ser contados como buenos cristianos. Nos enseña que debemos ser justos con nuestros prójimos, despreocupándonos de nosotros mismos y pensando más en los demás. El olvido de uno mismo, el no preocuparnos tanto de lo nuestro, nos hará conocer mejor a Cristo porque quien anda preocupado todo el tiempo de sí mismo, muy difícil le es encontrar el gozo de Dios y amar al prójimo como Cristo nos pide.

En la Segunda Lectura, San Pablo le dice a los Filipenses, *"Alégrense siempre en el Señor; se lo repito: ¡alégrense! Que la benevolencia de ustedes sea conocida por todos."* Y aunque les dice San Pablo que El Señor está cerca, también les dice que tengan paciencia y no se inquieten por nada. Todos los humanos necesitamos tener mucha paciencia. Santa Teresa de Ávila decía que nada debe turbarnos ni preocuparnos porque Dios siempre es igual y la paciencia todo lo puede.

Necesitamos la paciencia para llevar bien el matrimonio, para criar bien a los hijos, y, sobre todo, para perseverar en la fe. La persona que no tiene paciencia enseguida quiere ver frutos inmediatos de su esfuerzo, incluso en la fe. Y si no los alcanza se aburre y la deja. La paciencia nos ayuda a llevar bien los problemas de la familia. Y esto no incluye solamente el cónyuge o los hijos. Unas familias son más grandes que otras y precisamente en las más extensas hay más problemas de convivencia. La paciencia nos ayuda a ser más comprensivos y nos acerca más a la santidad. ¡Cuántas contrariedades desaparecen cuando uno las toma con paciencia! Siempre tenemos que recordar que en la vida vamos a tener muchas dificultades como las han tenido todos los seres humanos desde Adán y Eva.

Procuremos, ahora que ya está llegando la Navidad, crear un ambiente de paz cristiana en nuestro entorno dando mucho afecto y amor a quienes nos rodean. El ser humano necesita muchas pruebas de que Cristo ha nacido. Y nosotros, con el ejemplo de nuestra paciencia, nuestra alegría y nuestro amor mutuo, podemos dar pruebas muy convincentes de cómo deben ser los buenos cristianos. Dar alegría a los demás es imprescindible en nuestra tarea cristiana de evangelización, de llevar Cristo a un mundo que le necesita más que nunca.

Third Sunday of Advent
Cycle C Book 3
Readings: (R1) Zephaniah 3, 14-18 (R2) Philippians 4, 4-7 (Gos) Luke 3, 10-18

The readings that we have heard today speak of Advent as a time of joy and hope. Joy for a Christian is to be close to God and sadness is when we distance ourselves from Him. Our joy is the joy of Christ who brings justice and peace.

Today, in this world we do not see much joy. The reason for this is that human beings can only acquire true joy when they manage to separate themselves from themselves, when they look outwardly, when they manages to divert their gaze from the things of the world. The joy that the world gives is poor and fleeting. However, those who follow Jesus Christ and detach themselves from material things feel another kind of joy. They able to endure life in the midst of difficulties, pain, illness or failure and they know how to handle setbacks and how to offer them up to God. Now we have more reasons for joy than ever. The festivities of the birth of Our Lord are approaching. This proximity makes the Church leave a little the austerity of Advent and show its joy. Even the hymns are more joyful and the readings more comforting.

In today's Gospel, Saint John the Baptist tells us what we must do to be counted as good Christians. He teaches us that we should be fair to our neighbors, not caring about ourselves and thinking more of others. Forgetting oneself, not worrying so much about ourselves, will make us know Christ better because whenever someone is concerned all the time with themselves, it is very difficult they will find the joy of God and love their neighbor as Christ asks us to do.

In the Second Reading, Saint Paul tells the Philippians, *"Rejoice always in the Lord; I repeat: rejoice! May your benevolence be known to all. "And* although Saint Paul tells them that the Lord is near, he also tells them to be patient and not to worry about anything. All humans need to be very patient. Saint Teresa of Avila used to say that nothing should disturb or worry us because God never changes and patience can do everything.

We need patience to have a good marriage, to raise children well and, above all, to persevere in faith. The person who does not have patience straight away wants to see the immediate fruits of their effort, even in faith. And if they do not reach those fruits, they get bored and leave. Patience helps us cope well with family problems. And this does not include only the spouse or children. Some families are larger than others and precisely in the larger ones there are more problems of coexistence. Patience helps us to be more understanding and brings us closer to holiness. Many annoyances disappear when one takes them patiently! We always have to remember that in life we are going to have many difficulties as all human beings have had since Adam and Eve.

Let's try, now that Christmas is coming, to create an atmosphere of Christian peace in our surroundings by giving a lot of affection and love to those around us. Humanity needs many proofs that Christ was born. And we, by the example of our patience, our joy and our love for one another, can give very convincing proof of what good Christians should be like. Giving joy to others is essential in our Christian task of evangelization; of bringing Christ to a world that needs him now more than ever.

Cuarto Domingo de Adviento

Ciclo C Tomo 3
Lecturas: (L1) Miqueas 5, 1-4a (L2) Hebreos 10, 5-10 (Ev) Lucas 1, 39-45

Faltan pocos días para que veamos en los Belenes la figura del Niño Jesús. Cada año, al contemplarlo, nos acordamos que desde el pesebre de Belén hasta el momento de su ascensión a los cielos, Jesucristo nos dio un mensaje de esperanza. Durante su vida aquí entre nosotros, el mismo Jesucristo nos enseñó que la meta principal de estas fiestas que se aproximan no es gastar alocadamente para adquirir los bienes de esta vida sino alcanzar la felicidad suprema de la vida eterna con Dios.

La Iglesia ha enseñado, desde siempre, que el cristiano tiene que vigilar cómo utiliza los bienes que el Señor le da. Por eso es muy importante enseñar a los hijos, desde que nacen, a que estén atentos a las tentaciones de esta sociedad materialista en que vivimos. Hay que enseñarles a canalizar debidamente sus deseos porque puede ser que las cosas de este mundo y el apego a las riquezas les impidan a alcanzar la caridad ya que la persona que vive obsesionada por las cosas materiales no puede seguir a Dios. Su alma, cegada por el afán de adquirir cada día más, queda frustrada e incapacitada para seguir una vida recta.

Si dejamos entra Jesucristo en nuestros corazones plenamente no habrá sitio para el amor a las cosas superfluas que el mundo nos dice que necesitamos. Solo de esa manera podremos vivir las navidades con abundancia de gracia. El verdadero sentido de Navidad no es lo que los anuncios que vemos en la televisión nos muestran. No consiste en adquirir cosas materiales, dar regalos caros, y pasar el tiempo comprando. La Navidad es reconocer que el amor de Dios por nosotros es tan grande que quiso venir al mundo en pobreza porque quería compartir nuestra vida cotidiana con nosotros. Nos ama tanto que quiso quedarse entre nosotros para siempre. Por eso instituyó el Santísimo Sacramento. Y por eso nos invita a recibirle en la Sagrada Eucaristía.

Dios quiere que seamos más como Él, que nos amemos los unos a los otros de verdad. Y que mostremos nuestro amor a por Él y por nuestros seres queridos diariamente Durante estas navidades hagamos la promesa de tratar de ser más cómo Jesús, más caritativo, más comprensivo. Todos debemos resolver compartir lo poco o lo mucho que cada uno tenga. Para eso es la Navidad. La familia es la que debe enseñar a los niños que estos días navideños no solo son días de disfrutar de dulces y juguetes sino también de compartir. La Sagrada Familia cumplió esta tarea de una manera singular. Jesús aprendió de sus padres el significado de cada cosa que le rodeaba. Y allí, dentro del seno de la familia, es donde aprendió a ser el ser humano que era. La familia es donde los niños aprenden a ser personas bondadosas.

La Santísima Virgen nos enseña a alcanzar los medios necesarios para vivir una vida con honestidad y desprendimiento. Pidámosle a Nuestra Señora que nos enseñe a vivir estos días de Navidad, y todos los días del año, llenos de fe. Que nos enseñe compartir, ser caritativos, y que nos acerque cada día más a su Hijo, Jesucristo.

En realidad, los cristianos debemos vivir estas fiestas de Navidad muy juntos a la Virgen María si queremos llegar a lo único que verdaderamente importa en nuestra existencia, encontrar a Cristo en nuestra vida. Prepararemos bien una buena Navidad si acompañamos en estos días a nuestra Madre Amantísima, la Virgen María; mostrando el amor y confianza que debemos tener con ella. María, nuestra madre y la Madre de Dios, nos llevará a su Hijo.

Fourth Sunday of Advent

Cycle C Book 3

Readings: (R1) Micah 5:1-4a (R2) Hebrews 10:5-10 (Gos) Luke 1:39-45

There are just a few days until we see the figure of the Child Jesus in the Nativity scenes. Each year, as we contemplate it, we remember that from the manger in Bethlehem to the moment of his ascension to heaven, Jesus Christ gave us a message of hope. During his life here among us, Jesus Christ himself taught us that the main goal of these coming holidays is not to spend madly to acquire the goods of this life but to achieve the supreme happiness of eternal life with God.

The Church has always taught that Christians have to watch how they use the goods that the Lord gives them. That is why it is very important to teach children, from the moment they are born, to be attentive to the temptations of this materialistic society in which we live. They must be taught to channel their desires properly because it may be that the things of this world and their attachment to riches prevent them from being charitable since people who live obsessed by material things cannot follow God. Their soul, blinded by the desire to acquire more every day, is frustrated and unable to lead a righteous life.

If we let Jesus Christ enter our hearts fully there will be no room for love of the superfluous things that the world tells us we need. Only in this way can we experience Christmas with an abundance of grace. The true meaning of Christmas is not what the commercials we see on television show us. It is not about acquiring material things, giving expensive gifts, and spending time shopping. Christmas is recognizing that God's love for us is so great that he wanted to come into the world in poverty because he wanted to share our daily life with us. He loves us so much that he wanted to stay with us forever. That is why he instituted the Blessed Sacrament. And that is why he invites us to receive him in the Holy Eucharist.

God wants us to be more like Him; to really love one another, that we may show our love for Him and for our loved ones on a daily basis. During this Christmas, let us promise to try to be more like Jesus, more charitable, more understanding. We must all resolve to share the little or the much each of us has. That's what Christmas is for. The family is where children must be taught that these Christmas days are not only days of enjoying sweets and toys but also of sharing. The Holy Family fulfilled this task in a unique way. Jesus learned from his parents the meaning of everything around him. And there, within the family, is where he learned to be human being he was. The family is where children learn to be caring people.

The Blessed Virgin teaches us to achieve the necessary means to live life with honesty and detachment. Let us ask Our Lady to teach us to live these Christmas days, and every day of the year, faithfully. May we she show us how to share, to be charitable, and may she draw us closer to her Son, Jesus Christ.

In reality, Christians must live these Christmas holidays very close to the Virgin Mary if we want to reach the only thing that truly matters in our existence, to find Christ in our life. We will prepare a good Christmas well if we accompany our Loving Mother, the Virgin Mary, in these days; showing the love and trust that we should have with her. Mary, our mother and the Mother of God will lead us to her Son.

La Sagrada Familia

Ciclo C Tomo 3

Lecturas: (L1) Eclesiástico 3,2-6. 12-14 o 1 Samuel 1,20-22. 24-28
(L2) Colosenses 3,12-21 o 3,12-17 o 1 Juan 3,1-2. 21-24 (Ev) Lucas 2, 41-52

El Mesías quiso iniciar su tarea redentora en el seno de una familia sencilla. En realidad, lo primero que Jesús santificó con su presencia fue el hogar.

En el Evangelio que hemos escuchado, San Lucas nos cuenta como Jesús, María y José habían subido a Jerusalén desde Nazaret en peregrinación al templo con otros miembros de su familia. Durante el viaje de vuelta, es muy probable que María y José pensaran que su hijo estaba con los otros miembros del grupo que había peregrinado con ellos. Al pasar el primer día de regreso, al buscarlo, no lo encontraron y eso es cuando se enteraron que el joven niño Jesús se había quedado en Jerusalén. Eso es cuando regresaron de prisa a la ciudad para buscarlo.

Este relato nos muestra que entre José y María había cariño, comprensión y deseo mutuo por hacerse la vida llevadera. Todo hogar cristiano debe ser una imitación fiel del hogar de la Sagrada Familia de Nazaret, un lugar donde se enseña a Dios con el ejemplo y con el amor que todos se deben tener. Debemos preguntarnos cada día: ¿Es así nuestro hogar? ¿Nos olvidamos de nosotros mismos para atender a los demás de la familia? ¿Es Jesús el centro de nuestra familia?

La Virgen María, al encontrar a su hijo en el templo en medio de los sabios judíos, escuchándolos y haciéndoles preguntas, no le reprochó ni le regañó, simplemente le preguntó ""Hijo mío, ¿por qué te has portado así con nosotros? Tu padre y yo te hemos estado buscando llenos de angustia". Era una pregunta paciente y caritativa buscando la razón que su hijo se había extraviado. En la familia los padres deben ser, para sus hijos, los primeros educadores en la fe y en las buenas costumbres. Esto se cumplió, de una manera singular, en la casa de Nazaret donde Jesús aprendió de sus padres el significado de las cosas que le rodeaban. Y María conservaba en su corazón todas aquellas cosas que hacia su hijo que, seguramente, le era incomprensible.

El Evangelio que hemos escuchado nos da un mensaje para la familia de hoy. Nos enseña que si queremos santificar el hogar tenemos que crear una familia estable, y para eso son importantes la paciencia, la fe, la esperanza y el amor. Estas virtudes son la base de todo buen matrimonio y familia. La paciencia, la fe y la esperanza se han de manifestar en el día a día en el sosiego con que se enfocan los problemas, pequeños o grandes, que en todos los hogares acontecen. Y, desde luego, en el diálogo sereno, que es necesario para que las cosas vayan bien en el hogar.

Además de la fe y la esperanza, el amor puro y limpio de los esposos es una realidad santa bendecida por el Señor. Dentro del matrimonio, el amor nos debe llevar a compartir las alegrías y los posibles sinsabores. Nos debe enseñar a sonreír olvidándonos de las propias preocupaciones para atender a los demás; a escuchar al otro cónyuge o a los hijos mostrándoles que de verdad se les quiere y comprende. El amor nos ayuda a pasar por alto los pequeños desacuerdos sin importancia que el egoísmo puede convertir en montañas. Nuestra meta debe ser poner un gran amor en las pequeñas situaciones de que está compuesta la convivencia diaria.

Hermanas y hermanos en Cristo, oremos hoy, y siempre, para que la Sagrada Familia, joya de la humanidad, esté siempre con nosotros como ejemplo de todo lo bueno que hay en nuestras familias.

The Holy Family

Cycle C Book 3

Readings: (R1) Sirach 3:2-6, 12-14 or 1 Samuel 1:20-22, 24-28
(R2) Colossians 3:12-21 or 3:12-17 or 1 John 3:1-2, 21-24 (Gos) Luke 2:41-52

The Messiah wanted to begin his redemptive task in the bosom of a simple family. Actually, the first thing that Jesus sanctified with his presence was the home.

In the Gospel we have heard, Saint Luke tells us how Jesus, Mary and Joseph had gone up to Jerusalem from Nazareth on a pilgrimage to the temple with other members of their family. During the return trip, it is very likely that Mary and Joseph thought that their son was with the other members of the group who had made the pilgrimage with them. When they passed the first day of their return home, when they looked for him, they did not find him and that is when they found out that the young child Jesus had stayed in Jerusalem. That's when they rushed back to look for him.

This story shows us that between Joseph and Mary there was love, understanding and mutual desire to make life bearable. Every Christian home should faithfully be like the home of the Holy Family in Nazareth, a place where God is taught by example and with the love that everyone should show. We must ask ourselves every day: Is our home like this? Do we forget ourselves to care for others in the family? Is Jesus the center of our family?

The Virgin Mary, upon finding her son in the temple in the midst of the wise Jewish men, listening to them and asking questions, did not reproach him or scold him, she simply asked him: "My son, why have you behaved like this with us? Your father and I have been looking for you filled with anguish ". It was a patient and charitable question seeking the reason that her son had gone astray. In the family, parents should be, for their children, the first educators in faith and good morals. This was fulfilled, in a unique way, in the house of Nazareth where Jesus learned from his parents the meaning of the things that surrounded him. And Mary kept in her heart all those things that her son did that, surely, were incomprehensible to him.

The Gospel we have heard gives us a message for today's family. It teaches us that if we want to sanctify the home, we have to create a stable family, and for that, patience, faith, hope and love are important. These virtues are the foundation of every good marriage and family. Patience, faith and hope have to be manifested on a day-to-day basis in the calm manner with which problems, small or large, that occur in all homes are approached. And, of course, in the peaceful dialogue, which is necessary for things to go well at home.

In addition to faith and hope, the pure and clean love of the spouses is a holy reality blessed by the Lord. Within marriage, love should lead us to share the joys and possible troubles that can occur. It should teach us to smile, forgetting about our own worries in order to attend to others; to listen to our spouse or children showing them that they are truly loved and understood. Love helps us to overlook small, unimportant disagreements that selfishness can turn into mountains. Our goal must be to put great love in the small situations that make up our daily coexistence.

Sisters and brothers in Christ, let us pray today and always so that the Holy Family, the jewel of humanity, will always be with us as an example of all that is good in our families.

La Epifanía del Señor

Ciclo C Tomo 3
Lecturas: (L1) Isaías 60, 1-6 (L2) Efesios 3, 2-3a. 5-6 (Ev) Mateo 2, 1-12

La Iglesia hoy celebra la fiesta de la Epifanía de Nuestro Señor. La palabra epifanía viene del griego y significa revelación o manifestación. Estamos reunidos aquí conmemorando el día cuando, hace más de dos mil años, se hizo realidad la revelación al mundo del Verbo Encarnado.

A través de la liturgia, la Iglesia se une a esta fiesta y nos da un mensaje muy importante, enseñándonos que Dios se manifestó totalmente en Cristo. Todos sabemos, o debemos saber, que Jesús es mucho más que un ser humano, como algunos creen. Es la Epifanía de Dios entre nosotros. Esta fiesta, en nuestros países de origen, se la conoce más como el Día de los Tres Reyes. Es un día de fiesta muy especial cuando los niños suelen disfrutar con las cabalgatas. Y con ansia esperan recibir el regalo de los Reyes. Con tristeza comprobamos que muchas personas han dejado de celebrar esta gran fiesta. Otros la ignoran completamente. Hay los quien ni siquiera saben lo que realmente significa Epifanía. Su verdadero sentido lo han olvidado completamente. Y también han olvidado que es una fiesta con raíces religiosas profundas. Y aunque la Iglesia la sigue celebrando, muchos la han borrado completamente de sus vidas.

Precisamente en el Evangelio de hoy, San Mateo nos recuerda el origen de esta fiesta. Nos dice que Jesús nació en Belén de Judea en tiempos del Rey Herodes. Vemos cómo unos magos de oriente, venidos de países lejanos, hombres sabios y, seguramente pudientes en sus países, dejaron todo para seguir a la estrella que les marcaba el camino que les llevaría a adorar al Niño Dios. Estamos celebrando la llegada de estos Reyes Magos a Jerusalén. A ellos no les importó las penurias y sacrificios que tuvieron que pasar hasta llegar a rendir pleitesía al recién nacido Rey de Reyes. Claramente vemos que estos hombres fueron inspirados por Dios, ya en sus países de origen. Y el Evangelio nos enseña que eran hombres dóciles y obedientes a Dios, a pesar de que eran paganos.

La docilidad de los Magos, siguiendo a la estrella, nos puede enseñar mucho a nosotros: a mostrar también nuestra docilidad y obediencia a la llamada de Dios. Lo mismo que los Magos de Oriente, también nosotros somos llamados a ser fieles seguidores de Cristo. Como cristianos tenemos que estar atentos a la manera que el Señor se nos manifiesta y nos llama a cada uno, como se les manifestó a los Reyes Magos. Ellos sí supieron escuchar la llamada.

Acaba de comenzar un nuevo año y debemos proponernos dar un paso adelante en nuestra fe. Las fiestas, con sus demandas, regalos y bullicio, se han quedado atrás. Ahora, ya más tranquilos, es tiempo de recapacitar para que este año podamos seguir a Jesús más de cerca de lo que lo hicimos el año pasado. Sobre todo, propongámonos recibirle con más dignidad en la Sagrada Eucaristía. Procurando que cada vez que lo recibamos sea un acto sincero de adoración. Para eso, muchos tendrán que hacer primero una buena confesión. Y algunos también tendrán que dejar cosas, e incluso personas, que les inducen a pecar o que por alguna causa son un impedimento que no les deja acercarse sinceramente a Dios.

Pidamos hoy, Día de Epifanía, Día de Reyes, el mejor de los regalos para cada uno de nosotros: que Jesús, Nuestro Salvador, Luz del Mundo, ilumine nuestras mentes y nos encamine hacia Él, como encaminó a los Reyes Magos.

The Epiphany of the Lord
Cycle C Book 3
Readings: (R1) Isaiah 60:1-6 (R2) Ephesians 3:2-3a, 5-6 (Gos) Matthew 2:1-12

The Church today celebrates the feast of the Epiphany of Our Lord. The word epiphany comes from the Greek and means revelation or manifestation. We are gathered here commemorating the day when, more than two thousand years ago, the revelation to the world of the Incarnate Word became a reality.

Through the liturgy, the Church joins this feast and gives us a very important message, teaching us that God was fully manifested in Christ. We all know, or should know, that Jesus is much more than just a human being, as some people believe. He is the Epiphany of God among us. This festival, in our countries of origin, is known more as the Day of the Three Kings. It is a very special holiday when children usually enjoy parades. And they look forward to receiving a gift from the Kings. With sadness we see that many people have stopped celebrating this great holiday. Others ignore it completely. There are those who don't even know what Epiphany really means. Its true meaning has been completely forgotten. And they have also forgotten that it is a holiday with deep religious roots. And although the Church continues to celebrate it, many have completely erased it from their lives.

In today's Gospel, Saint Matthew reminds us of the origin of this festival. He tells us that Jesus was born in Bethlehem of Judea in the time of King Herod. We see how the Magi from the East, coming from distant countries, wise men and surely wealthy in their countries, left everything to follow the star that marked the path that would lead them to worship the Child God. We are celebrating the arrival of these Magi to Jerusalem. They did not care about the hardships and sacrifices they had to go through as they came to pay homage to the newborn King of Kings. We clearly see that these men were inspired by God, already in their countries of origin. And the Gospel teaches us that they were docile men and obedient to God, even though they were heathen.

The docility of the Magi, following the star, can teach us a lot: to also show our docility and obedience to the call of God. Like the Magi from the East, we too are called to be faithful followers of Christ. As Christians we have to be attentive to the way the Lord manifests himself to us and calls each one of us, as he manifested himself to the Magi. They did know how to hear the call.

A new year has just begun and we must resolve to step forward in our faith. The holidays, with their demands, gifts and bustle, have been left behind. Now, calmer, it is time to reconsider so that this year we can follow Jesus more closely than we did last year. Above all, let us propose to receive him with more dignity in the Holy Eucharist. Doing that each time we receive him is a sincere act of adoration. For that to occur, many will have to make a good confession first. And some will also have to abandon things, and even people that induce them to sin or that for some reason are an impediment that does not allow them to sincerely approach God.

Let us pray today, Epiphany Day, Three Kings Day that the best gift for each one of us: that Jesus, our Savior, Light of the World, will enlighten our minds and lead us to Him, as He led the Magi.

El Bautismo del Señor

Ciclo C Tomo 3
Lecturas: (L1) Isaías 42, 1-4. 6-7 (L2) Hechos 10, 34-38 (Ev) Mateo 3, 13-17

Hoy, la Iglesia celebra la Solemnidad del Bautismo de Jesús por San Juan el Bautista en el Río Jordán. El evangelio nos dice que Nuestro Señor recibió el bautismo de Juan. Y mientras oraba Jesús, Se oyó la voz de Dios Padre que decía: *"Tú eres mi Hijo, el amado, el predilecto"*. La Iglesia nos dice que este hecho señala la consagración de Jesús para su misión redentora mesiánica. Desde ese instante la misión de Nuestro Redentor será una misión profética, pero no en el sentido de predecir el futuro. Es más bien en el sentido bíblico, que quiere decir una persona que lucha por la justicia, por la gran necesidad que tiene el género humano de recibir el perdón, de perdonar, de amar a Dios y de amar al prójimo.

Sabemos que la misión de Cristo no terminó con su muerte. Cuando un cristiano es bautizado también comparte la misión de ser profeta, de evangelizar, de ir pregonando por doquier la Buena Nueva de la justicia, amor y perdón que Nuestro Señor vino a traernos. Al ser bautizado, el cristiano adquiere la obligación de encaminar su vida a la santidad y de ayudar a otros a hacer lo mismo. Esto solo se puede conseguir cuando trata de vivir una vida ejemplar, siguiendo a Cristo.

Nuestro Señor se sometió voluntariamente a que Juan el Bautista lo bautizara. Pero no necesitaba ser bautizado. Con su bautismo quiso enseñarnos su humildad. Sin embargo, lo que para él no era necesidad para nosotros sí lo es. Es necesidad y es, además, obligación. La Iglesia Católica considera que cuando Jesús fue bautizado quedó instituido el Bautismo como sacramento. Cristo mismo encomendó a la Iglesia la obligación de bautizar a todos los que quieren ser cristianos. San Mateo nos explica lo que creyeron los cristianos de su época. Dice al final de su Evangelio que Cristo impuso el bautismo universal el día de su ascensión al cielo cuando dijo, *"Vayan, pues, y hagan discípulos de todas las naciones, bautizándolos en el nombre del Padre y del Hijo y del Espíritu Santo, enseñándoles a guardar todo lo que les he mandado ..."* (Mateo 28, 19 - 20) Los Apóstoles y sus seguidores consideraron que con estas palabras el Señor les había mandado bautizar a "todos los de la casa", o sea, a todos los miembros de la familia desde los recién nacidos hasta los ancianos. Consideraban que hasta los recién nacidos tenían tanta necesidad de ser alimentados espiritualmente como de ser alimentados físicamente.

Los cristianos reconocemos que cuando somos bautizados recibimos la gracia sacramental que corresponde a este sacramento. En otras palabras, recibimos al Espíritu Santo. Y al recibir al Espíritu Santo recibimos el mismo mandato que recibieron los apóstoles, el de ir por el mundo evangelizando. Es incomprensible que algunas personas creen que el Bautismo no es muy necesario, como algo que hay que hacer si quieres hacerlo. Para otros el Bautismo es solo un acontecimiento social y dicen, "No bautizo ahora a mi niño porque más adelante tendré dinero para hacer la fiesta. Ahora no me viene bien". Otros dicen: "Tenemos que esperar para bautizar a nuestro niño porque mi familia no puede venir al Bautismo ahora". No podemos seguir actuando como si el bautismo no fuera lo suficientemente importante como para celebrarlo lo antes posible después del nacimiento de nuestros hijos.

El bautismo es el fundamento de toda la vida cristiana, el pórtico por donde entra el recién bautizado en la vida del Espíritu Santo, en la vida de la Iglesia. El Bautismo es primordial porque es el primero de los siete sacramentos sin el cual no se puede recibir ningún otro sacramento. Lo primero que hace este sacramento es limpiar el alma de todo pecado, incluyendo el Pecado Original. Y al hacer esto abre las puertas de la Iglesia al recién bautizado para que pueda recibir la gracia que necesita para poder vivir una vida santa en Cristo.

The Baptism of the Lord

Cycle C Book 3

Readings: (R1) Isaiah 42:1-4,6-7 (R2) Acts 10:34-38 (Gos) Matthew 3:13-17

Today, the Church celebrates the Solemnity of the Baptism of Jesus by Saint John the Baptist in the Jordan River. The gospel tells us that Our Lord received the baptism from John. And while Jesus was praying, the voice of God the Father was heard saying: *"This is my Son, whom I love; with him I am well pleased.."* The Church tells us that this fact marks the consecration of Jesus for his messianic redemptive mission. From that moment on the mission of Our Redeemer will be a prophetic mission, but not in the sense of predicting the future. It is rather in the biblical sense, which means a person who fights for justice, for the great need that the human race has to receive forgiveness, to forgive, to love God and to love others.

We know that Christ's mission did not end with his death. When a Christian is baptized, he also shares the mission of being a prophet, of evangelizing, of proclaiming everywhere the Good News of justice, love and forgiveness that Our Lord came to bring us. By being baptized, the Christian acquires the obligation to direct his life to holiness and to help others to do the same. This can only be achieved when you try to live an exemplary life, following Christ.

Our Lord voluntarily submitted to John the Baptist to baptize him. However, he did not need to be baptized. With his baptism he wanted to show us his humility. Nevertheless, what was not a need for him is a necessity for us. It is a necessity and it is also an obligation. The Catholic Church considers that when Jesus was baptized, Baptism was instituted as a sacrament. Christ himself entrusted to the Church the obligation to baptize all those who want to be Christians. Saint Matthew explains to us what the Christians of his day believed. He tells us at the end of his Gospel that Christ imposed universal baptism on the day of his ascension into heaven when he said, *"Go, then, and make disciples of all nations, baptizing them in the name of the Father and of the Son and of the Spirit. Holy, teaching them to keep all that I have commanded them…"* (Matthew 28, 19 - 20) The Apostles and their followers believed that with these words the Lord had commanded them to baptize "entire households", that is, all the members of the family from newborns to the elderly. They considered that even newborns had as much need to be fed spiritually as to be fed physically.

Christians recognize that when we are baptized we receive the sacramental grace that corresponds to this sacrament. In other words, we receive the Holy Spirit. And by receiving the Holy Spirit, we receive the same mandate that the apostles received, to go through the world evangelizing. It is incomprehensible that some people believe that Baptism is not very necessary, as something that must be done if you want to do it. For others Baptism is just a social event and they say, "I am not baptizing my child now because later I will have money to have the party. Now it doesn't suit me". Others say, "We have to wait to baptize our child because my family cannot come to Baptism now." We cannot continue to act as if Baptism was not important enough to be celebrated as soon as possible after the birth of our children.

Baptism is the foundation of the entire Christian life, the doorway through which the newly baptized enters into the life of the Holy Spirit, into the life of the Church. Baptism is paramount because it is the first of the seven sacraments without which no other sacrament can be received. The first thing this sacrament does is cleanse the soul of all sin, including Original Sin. And by doing this, he opens the doors of the Church to the newly baptized so that he can receive the grace he needs to be able to live a holy life in Christ.

Segundo Domingo del Tiempo Ordinario

Ciclo C Tomo 3
Lecturas: (L1) Isaías 62, 1-5 (L2) 1 Corintios 12, 4-11 (Ev) Juan 2, 1-11

Durante las fiestas navideñas hemos contemplado el nacimiento de Cristo y su vida privada antes de comenzar su ministerio público. Hoy celebramos el Segundo Domingo del Tiempo Ordinario y ya empezamos a contemplar la vida pública de Jesús. En el Evangelio, San Juan describe el primer milagro público que Jesús realizó. Se celebraba una boda en Caná de Galilea. Y allí es donde Jesús mostró, por primera vez, su gloria.

A esta boda fueron invitados, además de Jesús, su Madre y sus discípulos. La Virgen, ya desde entonces, nos enseñó que pensaba en los otros y que era muy buena observadora. Como vio que llegaba a faltar el vino, le dijo a su Hijo, "Ya no tienen vino". El Señor no había decidido aún darse a conocer. Así que le dijo, *"Mujer, déjame, todavía no ha llegado mi hora."*. Pero la Virgen sabía que su hijo no le iba a negar ese ruego. Seguramente ella estaba preocupada por la pareja de recién casados que, casi al comienzo de la fiesta, ya se quedaban sin vino. En el Oriente Medio cuando hacen una fiesta les gusta que no falte de nada, que haya abundancia de comida y bebida. Los banquetes, incluso en la gente menos pudiente, son abundantes. Y, en este caso, los novios y sus familias, si no se arreglaba el problema del vino, iban a quedar muy mal. Y por esa razón, la Santísima Virgen decidió pedirle a su Hijo que ayudara. Estaba segura que su hijo haría algo. Así que les dijo a los sirvientes, *"Hagan lo que él les diga"*.

En toda la región mediterránea, el vino es una parte muy importante de cada comida. Teniendo en cuenta la falta generalizada de agua potable, a veces era el único líquido seguro para beber y en esta boda precisamente el vino estaba a punto de acabarse. Pero fue una circunstancia oportuna para que Jesús, en esa boda, pudiera realizar su primer milagro, manifestando su gloria y también haciendo crecer la fe de sus discípulos. Este milagro, además de ser el primero, no fue pequeño. Las tinajas que los criados llenaron, por orden del Señor, eran grandes, de estilo judío y de piedra, las que usaban en aquellos tiempos en sus ceremonias de purificación. El evangelio nos dice que en cada una cabían cien litros o sea unos entre 26 y 27 galones. Y llenaron varias. Y no se conformó Jesús en complacer a su madre y ayudar a la familia y a los novios recién casados. Además de eso, les dio un vino de una calidad excelente.

El Evangelio de este domingo nos enseña que cuando recurrimos a la Santísima Virgen pidiéndole ayuda, siempre la encontraremos dispuesta a interceder ante su hijo por nosotros. Y si es algo que nos conviene, y lo pedimos con fe, Cristo hará con nosotros otro pequeño milagro, primero para complacer a su madre y, después, para ayudarnos a nosotros.

Ya nos dijo el Señor que todo lo que pidiéramos en su nombre nos sería concedido. Él siempre da mucho más de lo que pedimos y de lo que merecemos. En las bodas de Caná la importancia de la intercesión de la Virgen se manifiesta completamente. Quizás algunos en nuestra Iglesia, tienen dudas cuando se habla de la Virgen María como Mediadora. Puede ser que no sepan lo que esto significa. Es un término que usamos los Católicos para describir la función única de la Madre de Jesús en la misión de su Hijo como Mediador. También para muchos que no son Católicos, llamar a la Virgen nuestro "Mediadora", les parece estar en conflicto con la insistencia de la Biblia en que su Hijo es el único Mediador (1 Timoteo 2:5). Sin embargo, los católicos estamos seguros que cuando llamamos a la Santísima Virgen nuestra Mediadora no quitamos importancia de la mediación de Cristo.

Cuando pedimos en oración por otras personas estamos actuando como mediadores ante Nuestro Señor. Y eso es lo que hace la Virgen María cuando pide por nosotros a su Hijo. La Virgen María, por ser la Madre de Dios, por haber vivido esa vida de entrega y fe y por estar tan unida a su Hijo en el cielo, es la Mediadora, por excelencia, entre Él y la humanidad.

Second Sunday of Ordinary Time

Cycle C Book 3

Readings: (R1) Isaiah 62:1-5 (R2) 1 Corinthians 12:4-11 (Gos) John 2:1-11

During the Christmas holidays we have contemplated the birth of Christ and his private life before beginning his public ministry. Today we celebrate the Second Sunday in Ordinary Time and we begin to contemplate the public life of Jesus. In the Gospel, Saint John describes the first public miracle that Jesus performed. A wedding was taking place in Cana of Galilee. And there it is where Jesus showed, for the first time, his glory.

In addition to Jesus, his Mother and his disciples were invited to this wedding. The Virgin, even then, taught us that she thought of others and that she was a very good observer. As she saw that the wine was running low, she said to her Son, *"They have no more wine."* The Lord had not yet decided to make himself known. So he said, *"Woman, why do you involve m? ... My hour has not yet come."* But the Virgin knew that her Son was not going to deny her that request. Surely she was worried about the newly married couple who, almost at the beginning of the party, were already running out of wine. In the Middle East when they have a party they like to ensure that nothing is lacking, that there is an abundance of food and drink. Banquets, even for the less affluent, are plentiful. And, in this case, the bride and groom and their families, if the wine problem was not fixed, would look bad. And for that reason, the Blessed Virgin decided to ask her Son to help. She was sure her son would do something. So she said to the servants, *"Do whatever he tells you"*

Throughout the Mediterranean region, wine is a very important part of every meal. Considering the widespread lack of potable water, it was sometimes the only liquid that was safe to drink, and at this wedding precisely the wine was about to run out. But it was a fortuitous situation so that Jesus, at that wedding, could perform his first miracle, manifesting his glory and also increasing the faith of his disciples. This miracle, in addition to being the first, was not small. The jars that the servants filled, by order of the Lord, were large, Jewish-style and made of stone, the ones they used in those days in their purification ceremonies. The gospel tells us that each jar held about a hundred liters in other words between 26 and 27 gallons. And they filled several. And Jesus not only pleased his mother by helping the family and the newly married couple. On top of that, he gave them a wine of excellent quality.

This Sunday's Gospel teaches us that when we turn to the Blessed Virgin for help, we will always find her ready to intercede with her son for us. And if it is something that is right for us, and we ask for it in faith, Christ will perform another small miracle for us, first to please her mother and then to help us.

The Lord has already told us that everything we ask in his name would be granted to us. He always gives much more than what we ask for and what we deserve. At the wedding at Cana the importance of the Virgin's intercession is fully manifested. Perhaps some in our Church have doubts when speaking of the Virgin Mary as our Mediatrix. They may not know what this means. It is a term that we Catholics use to describe the unique role of the Mother of Jesus in her Son's mission as Mediator. Also for many who are not Catholic, calling the Virgin "Mediatrix" seems to conflict with the insistence of the Bible that her Son is the only Mediator (1 Timothy 2: 5). However, Catholics are sure that when we call the Blessed Virgin our Mediatrix we do not underestimate the mediation of Christ.

When we pray for other people we are acting as mediators before Our Lord. And that is what the Virgin Mary does when she requests something from her Son in our behalf. The Virgin Mary, because she is the Mother of God, because she lived a life of dedication and faith and because she is so united to her Son in heaven, is the Mediatrix, par excellence, between Him and humanity.

Tercer Domingo del Tiempo Ordinario

Ciclo C Tomo 3
Lecturas: (L1) Nehemías 8, 2-4a. 5-6. 8-10 (L2) 1 Corintios 12, 12-30 (Ev) Lucas 1, 1-4; 4, 14-21

Durante este año litúrgico escucharemos el Evangelio según San Lucas a menudo ya que estamos en el ano litúrgico C. El evangelista nos explica que en su Evangelio escribió todo lo que sabía, y todo lo que podía recopilar, sobre la vida de Nuestro Señor, Jesucristo, valiéndose de datos, pequeños ó grandes, que le proporcionaba la comunidad cristiana. Hoy nos relata como Jesús se puso de pie y le entregaron el libro del profeta Isaías. Leyó el pasaje que dice *"El espíritu del Señor está sobre mí, porque me ha ungido para llevar a los pobres la buena nueva, para anunciar la liberación a los cautivos y la curación a los ciegos, para dar libertad a los oprimidos y proclamar el año de gracia del Señor."* Entonces dijo, *"Hoy mismo se ha cumplido este pasaje de la Escritura que acaban de oír".*

La primera lectura del libro del profeta Nehemías nos muestra cómo el pueblo judío, liberado de su cautiverio en Babilonia, regresó a Jerusalén y encontró la ciudad en ruinas. Tuvieron que reconstruirlo y fue muy difícil hacerlo. Sin embargo, siguieron adelante con sus planes porque sabían que Dios mismo los sostenía. Esta lectura nos muestra lo difícil que es a veces ser fiel a Dios. Sin embargo, también nos dice que la persona que decide firmemente hacerlo, con honestidad, recibe el apoyo del Señor. Tenemos el ejemplo de Nehemías que nos cuenta en su libro lo que le costó ser fiel al Evangelio. Nunca podría haber llevado a cabo esta tarea si no hubiera confiado plenamente en Dios.

Hermanas y hermanos, el Señor espera de cada uno de nosotros que seamos discípulos suyos. Y quiere que seamos completamente fieles a la verdad que predicó, y que sigue predicando, a través de la Iglesia que Él mismo fundó. Si queremos enseñar la doctrina de Jesucristo para que ilumine también toda nuestra vida, debemos reconocer que no siempre nos será fácil. No por eso debemos tratar de suavizar las enseñanzas de Cristo o ajustarlas al pensamiento del mundo moderno. Jesucristo escogió a los apóstoles para que la Buena Nueva del Reino pudiera ser predicada sin cambios y sin vacilaciones hasta el final de los tiempos.

En la Iglesia ha depositado el Señor el tesoro de su doctrina. A nosotros, como cristianos, nos corresponde conocer lo que el Papa y los obispos, los sucesores de los apóstoles, enseñan sobre los deberes de justicia, las exigencias de la caridad, y el bien que tenemos que realizar. Debemos acudir a las enseñanzas de la Iglesia para aprender cual es la responsabilidad personal de un buen cristiano. El Concilio Vaticano Segundo dijo que *"Cristo, el único Mediador, instituyó y mantiene continuamente en la tierra a su Iglesia santa, comunidad de fe, esperanza y caridad, como un todo visible, comunicando mediante ella la verdad y la gracia a todos. ... Esta es la única Iglesia de Cristo, que en el Símbolo (del Credo) confesamos como una, santa, católica y apostólica..."* (Lumen gentium, 8)

Lamentablemente hay algunos que rechazan la enseñanza de la Iglesia y viven completamente alejados y en pecado. Como les parece difícil seguir a Cristo, cambian sus palabras para que sean más fáciles de seguir. Nos preguntamos, a veces, ¿porqué, en vez de tratar de cambiar las enseñanzas de Dios, no tratan de cambiar sus vidas, dejar el pecado y obedecer la voluntad del Padre, como lo hizo Nuestro Señor? ¿Por qué no quieren salir del mundo de las tinieblas para abrazar la luz de Cristo? Nuestro Señor nos pide que enderecemos nuestras vidas y le sigamos. Nos pide que aceptemos su luz y que esta sea reflejada en cómo vivimos.

Ya sabemos que la humanidad anda perdida y necesita mucho volver a cree en Dios para que pueda recibir su ayuda y amor. Muchos han perdido el camino hacia el Señor porque andan en tinieblas. Por eso debemos dar a conocer las enseñanzas de Jesucristo, tal y como son. Pidámosle que nos guíe para que sepamos hacer esta noble tarea de difundir la verdad a un mundo que necesita escucharla.

Third Sunday of Ordinary Time

Cycle C Book 3

Readings: (R1) Nehemiah 8:2-4a, 5-6, 8-10 (R2) 1 Corinthians 12:12-30 (Gos) Luke 1:1-4; 4:14-21

During this liturgical year we will hear the Gospel according to Saint Luke often since we are in the liturgical year C. The evangelist explains that in his Gospel he wrote everything he knew, and everything he could collect, about the life of Our Lord, Jesus Christ using all data, great or small, provided by the Christian community. Today he tells us how Jesus stood up and was given the book of the prophet Isaiah. He read the passage that says *"The spirit of the Lord is upon me, because he has anointed me to bring good news to the poor, to announce deliverance to the captives and healing to the blind, to free the oppressed and proclaim the year of the Lord's grace."* Then he said, *"Today this passage of Scripture that you just heard has been fulfilled"*

The First Reading from the Book of the Prophet Nehemiah shows us how the Jewish people, being freed from their captivity in Babylon, returned to Jerusalem and found the city in ruins. They had to rebuild it and it was very difficult to do so. Nevertheless, they went ahead with their plans because they knew that God himself was sustaining them. This reading shows us how difficult it is sometimes to be faithful to God. However, it also tells us that the person who firmly decides to do so, with honesty, receives the support of the Lord. We have the example of Nehemiah who tells us in his book what it cost him to be faithful to the Gospel. He could never have carried out this task if he had not fully trusted in God.

Sisters and brothers, the Lord expects each of us to be his disciples. And He wants us to be completely faithful to the truth He preached, and continues to preach, through the Church that He founded. If we want to teach the doctrine of Jesus Christ so that it also illuminates our whole lives, we must recognize that it will not always be easy for us. We should not therefore try to soften the teachings of Christ or adjust them to the thinking of the modern world. Jesus Christ chose the apostles so that the Good News of the Kingdom could be preached without change and without hesitation until the end of time.

In the Church the Lord has deposited the treasure of his doctrine. It is up to us, as Christians, to know what the Pope and the bishops, the successors of the apostles, teach about the duties of justice, the demands of charity, and the good that we have to do. We must turn to the teachings of the Church to learn what the personal responsibility of a good Christian is. The Second Vatican Council said that *"Christ, the one Mediator, established and continually sustains here on earth His holy Church, the community of faith, hope and charity, as an entity with visible delineation through which He communicated truth and grace to all. ... This is the one Church of Christ which in the Creed is professed as one, holy, catholic and apostolic..."* (Lumen Gentium 8)

Unfortunately there are some who reject the teaching of the Church and live completely separated from her and in sin. Because they find it difficult to follow Christ, they change his words to make them easier to follow. We ask ourselves, sometimes, why, instead of trying to change God's teachings, they don't try to change their lives, abandon sin and obey the Father's will, as Our Lord did? Why don't you want to come out of the world of darkness to embrace the light of Christ? Our Lord asks us to straighten out our lives and follow him. He asks us to accept his light and allow it to be reflected in how we live.

We already know that humanity is lost and really needs to begin believing in God again so that they can receive his help and love. Many have lost their way to the Lord because they walk in darkness. That is why we must make the teachings of Jesus Christ known, as they are. Let us ask him to guide us so that we know how to do this noble task of spreading the truth to a world that needs to hear it.

Cuarto Domingo del Tiempo Ordinario
Ciclo C Tomo 3
Lecturas: (L1) Jeremías 1, 4-5. 17-19 (L2) 1 Corintios 12, 31 - 13, 13 (Ev) Lucas 4, 21-30

El domingo pasado escuchamos en el Evangelio que Jesús había empezado a predicar en las sinagogas de Galilea, una región en la parte norte de lo que hoy en día llamamos la Tierra Santa y de donde provenía Nuestro Señor. Por eso le llamaba, el Galileo. San Lucas, este domingo, continuando su relato sobre la predicación de nuestro Señor en su propio pueblo, nos dice que cuando predicó Jesús en Nazaret reaccionaron sus paisanos violentamente e incluso con hostilidad. Primero, su predicación gustaba e incluso, algunos lo admiraron, reconociendo que sus palabras eran sabias y que todo lo que salía de su boca era la pura verdad. Sin embargo, observó que muchos de ellos, con desprecio y mirándose unos a otros, se preguntaban, *"¿No es este el hijo de José?"* Como diciendo, "¿Quien se cree éste que es? No es nadie especial, solo es el hijo de José".

Se enfurecieron cuando Jesús les dijo, *"Yo les aseguro que nadie es profeta en su tierra"*, y les echó en cara que en los tiempos de Elías había muchas viudas pero la única que Elías ayudo era una extranjera. Y también les dijo que había muchos leprosos en Israel, en tiempos del profeta Eliseo; sin embargo ninguno de esos leprosos fue curado, sino Naamán, que era de Siria. Estaba tratando de decirles que Él había nacido para salvar no solo al pueblo judío sino toda la humanidad, incluyendo los que no eran judíos.

Pero los que estaban en la sinagoga no querían escuchar sus palabras. Ya habían decidido que Jesús solo era uno de los muchos predicadores ambulantes que surgían de vez en cuando en el pueblo judío. Se auto-denominaba el Mesías. La gente lo seguía pero, con el tiempo, dejaba de interesarles sus predicaciones. Es entonces cuando el falso mesías volvía a la anonimidad de donde había salido. Era evidente que los paisanos de Jesús no creían en este joven predicador ni querían escuchar sus palabras. Incluso, al terminar su predicación, le echaron fuera de la ciudad, y le llevaron hasta la cumbre del monte sobre el cual estaba edificada la ciudad, para despeñarle. Pero Jesús pasó por en medio de ellos, y se marchó.

Cuando predicaba el Señor, siempre enseñaba claramente y sin vacilaciones lo que exigía a cada persona que estaba dispuesta a seguirle. Los cristianos decimos que seguimos a Cristo fielmente y que estamos dispuestos a seguir sus enseñanzas con fidelidad. Pero, a menudo, podemos comprobar que cuando alguien trata de predicar o enseñarnos alguno de los grandes temas de la moralidad del cual no estamos de acuerdo, levantamos protestas contra la iglesia, reusando seguir las pautas y mandatos que se nos ha predicado. Y justamente esto es lo que vivió Nuestro Señor cuando enseñaba lo que no gustaba al pueblo o que les incomodaba.

A pesar de los fracasos y decepciones que tuvo que aguantar Nuestro Señor, siguió adelante, con enteraza, enseñando y haciendo milagros, aunque no pudo hacer ningún milagro ni podía predicar en Nazaret, la ciudad donde había pasado su juventud y donde había trabajado y vivido con su familia por muchos años. Cuando predicaba el Señor, siempre enseñaba claramente y sin vacilaciones lo que exigía a cada persona que estaba dispuesta a seguirle.

Sabemos todos que seguir a Cristo es difícil. Pero la persona que se lo propone firmemente, con enteraza, recibe el apoyo del Señor. Tenemos el ejemplo de la vida de Jeremías que nos muestra lo que cuesta ser fiel Dios. Dios le escogió para ser su profeta. Y nunca hubiera podido llevar esta tarea adelante si no hubiera confiado plenamente en el cometido que le había sido encomendado.

Fourth Sunday of Ordinary Time
Cycle C Book 3
Readings: (R1) Jeremiah 1:4-5, 17-19 (R2) 1 Corinthians 12:31-13:13 (Gos) Luke 4:21-30

Last Sunday we heard in the Gospel that Jesus had begun to preach in the synagogues of Galilee, a region in the northern part of what today we call the Holy Land and from where Our Lord came. That is why he was called the Galilean. Saint Luke, this Sunday, continues his story telling us about the preaching of our Lord in his own town. He tells us that when Jesus preached in Nazareth his countrymen reacted violently and even with hostility. First, his preaching was liked and even admired by some, recognizing that his words were wise and that everything that came out of his mouth was the pure truth. However, he observed that many of them, with contempt looked at each other and wondered, *"Isn't this the son of Joseph?"* As if to say, "Who does he think he is? He's nobody special, he's just Joseph's son. "

They were enraged when Jesus told them, *"I assure you that no one is a prophet in his land,"* and he told them that in Elijah's time there were many widows but the only one Elijah helped was a foreigner. And he also told them that there were many lepers in Israel, in the time of the prophet Elisha; however, none of those lepers was cured, except for Naaman, who was from Syria. He was trying to tell them that He was born to save not just the Jewish people but all of humanity, including non-Jews.

But those in the synagogue did not want to hear his words. They had already decided that Jesus was just one of the many traveling preachers who popped up from time to time among the Jewish people. He called himself the Messiah. People would follow him, but over time his preaching would no longer interest them. It is then that the false messiah would return to the anonymity from which he had come. It was evident that the countrymen of Jesus did not believe in this young preacher nor did they want to hear his words. When he finished his preaching, they even threw him out of the city, and took him to the top of the mountain on which the city was built, to throw him off the cliff. But Jesus passed through their midst, and went away.

When the Lord preached, he always taught clearly and without hesitation what he required of each person who was willing to follow him. We Christians say that we follow Christ faithfully and that we are willing to follow his teachings staunchly. But, often, we see that when someone wants to preach to us or teach us about one of the great issues of morality with which we do not agree, we raise protests against the church, refusing to follow the guidelines and mandates that have been preached to us. And this is precisely what Our Lord experienced when he taught what the people did not like or that made them uncomfortable.

Despite the failures and disappointments that Our Lord had to endure, he continued with integrity, teaching and performing miracles, although he could not perform any miracle nor could he preach in Nazareth, the city where he had spent his youth and where he had worked and lived with his family for many years. When the Lord preached, he always taught clearly and without hesitation what he required of each person who was willing to follow him.

We all know that following Christ is difficult. But the person who proposes to do so firmly, with integrity, receives the support of the Lord. We have the example of Jeremiah's life that shows us what it takes to be faithful to God. God chose him to be his prophet. And he could never have carried out this task if he had not fully trusted in the mission that had been entrusted to him.

Quinto Domingo del Tiempo Ordinario
Ciclo C Tomo 3
Lecturas: (L1) Isaías 6, 1-2a. 3-8 (L2) 1 Corintios 15, 1-11 (Ev) Lucas 5, 1-11

San Lucas, en su Evangelio, nos explica que Jesús se encontraba en Genesaret a la orilla del lago. Había mucha gente a su alrededor y, como había tanta gente, se estaban acercando demasiado a Él. Esto era porque estaban todos ansiosos de oírle predicar. El Señor vio que había dos barcas ancladas en el lago y, para más seguridad, decidió subir a una de ellas. Esta barca era la de Simón Pedro quien probablemente ya conocía a Jesús y le había escuchado predicar en otras ocasiones.

Cuando Jesús le pidió a Simón Pedro que llevara la barca mar adentro y echara las redes para pescar, Pedro protesto, diciéndole al Señor que ya habían tratado de pescar toda la noche y que era inútil tratar de hacerlo otra vez. Pero, por ser Jesús quien se lo pedía, lo hizo. Y pescaron tal cantidad, que las redes casi se rompían. Entonces Pedro hizo señas a sus compañeros, que estaban en la otra barca, para que vinieran a ayudarlos. Vinieron ellos y llenaron tanto las dos barcas, que casi se hundían.

La palabra "apóstol" quiere decir "alguien enviado a cumplir una misión". Todos los cristianos, como Pedro y los demás apóstoles, hemos sido llamados por Dios desde nuestra concepción para ser apóstoles, para evangelizar de diferentes maneras. En principio, no sabemos cuál será la misión evangelizadora que Dios nos ha encomendado. Por eso, muchas veces, cuando el Señor llama, unas personas lo escuchan y obedecen inmediatamente mientras que otras se hacen las desentendidas o la desoyen. Es Dios quien nos llama, pero es para nosotros obedecerle o resistirnos a su llamada. Todos podemos ser apóstoles si decidimos escuchar a Dios cuando nos llama. También es importante recordar que nosotros no somos los que elegimos seguir al Señor. Él nos elige a nosotros, igual que eligió a los apóstoles. No caigamos en la tentación de disculparnos a nosotros mismos diciendo que no servimos para lo que nos está pidiendo. En realidad, si nosotros no seguimos la vocación al que el Señor nos ha llamado o tratamos de escoger una vocación que <u>no</u> es la que el Señor quiere para nosotros, nada de lo que hacemos saldrá bien.

¿Y cuál es nuestra vocación? La vocación que todos los cristianos tenemos en común es ayudar al prójimo para que encuentre a Cristo. Dios quiere que llevemos la alegría del conocimiento de Cristo al mundo entero. Para eso tenemos que estudiar nuestra propia religión comenzando con el libro que nuestra iglesia instituyó: la Santa Biblia. No basta conocerla de oídas o por referencia. Hay que estudiarla y poner en práctica lo que nos ensena si queremos ayudar a los demás. Y, si de verdad vivimos en Cristo, se va a notar que tenemos una vida interior activa, y que sabemos estar en contacto con Dios. Un programa personal de lectura diaria de la Biblia hará que crezca en nosotros el conocimiento de lo que tenemos que hacer para mostrar a otros el amor que tenemos a Cristo y al hermano. Y segundo tomando clases que y escuchando la Palabra de Dios podemos comenzar a conocer cuáles son los mandamientos de Dios y tratar de seguirlos.

Creer en Cristo es mucho más que venir a la iglesia de vez en cuando. Las enseñanzas de Cristo están basadas, ante todo, en el amor a Dios. Y, por ese amor, nos ponemos al servicio de la comunidad y nuestros hermanos y hermanas en Cristo. Creer en Cristo lleva consigo amor a Dios y entrega hacia el prójimo, porque si amamos de verdad a Dios, ya amamos a nuestros hermanos y hermanas en la fe. Precisamente el signo de nuestro amor auténtico a Cristo es el amor fraternal.

Pidamos a la Santísima Virgen que nos enseñe a dejar brillar la luz de nuestra fe en Dios en medio de este mundo que necesita claridad. Que ella nos enseñe a compartir no solamente el pan con el necesitado, sino también nuestro afecto, nuestra solidaridad y nuestra entrega total.

Fifth Sunday of Ordinary Time
Cycle C Book 3
Readings: (R1) Isaiah 6:1-2a, 3-8 (R2) 1 Corinthians 15:1-11 (Gos) Luke 5:1-11

Saint Luke, in his Gospel, explains to us that Jesus was in Genesaret on the shore of the lake. There was a crowd around him, and because there were so many people, they were getting too close to Him. This was because they were all eager to hear Him preach. The Lord saw that there were two boats anchored in the lake and, for more security, decided to get in one of them. This boat was that of Simon Peter who probably already knew Jesus and had heard him preach on other occasions.

When Jesus asked Simon Peter to take the boat out to sea and cast the nets to fish, Peter protested, telling the Lord that they had already tried to fish all night and that it was useless to try again. But, in the end, because it was Jesus who asked him, he ended up doing so. And they caught such a quantity of fish that the nets almost broke. Then Peter motioned for his companions, who were in the other boat, to come and help them. They came and filled the two boats so full that they almost sank.

The word "apostle" means "someone sent to fulfill a mission." All of us Christians, like Peter and the other apostles, have been called by God from our conception to be apostles, to evangelize in different ways. At first, we do not know what will be the evangelizing mission that God has entrusted to us. For this reason, many times, when the Lord calls, some people listen to him and obey immediately while others pretend to be unaware or ignore him. It is God who calls us, but it is for us to obey or resist his call. We can all be apostles if we choose to listen to God when he calls us. It is also important to remember that we are not the ones who choose to follow the Lord. He chooses us, just as he chose the apostles. Let us not be tempted to excuse ourselves by saying that we are of no use to what you are asking of us. In reality, if we do not follow the vocation to which the Lord has called us or try to choose a vocation that is not the one the Lord wants for us, nothing we do will be successful.

And what is our vocation? The vocation that all Christians have in common is to help our neighbor to find Christ. God wants us to bring the joy of knowing Christ to the whole world. For that we have to study our own religion starting with the book that our church instituted: the Holy Bible. Knowing it by hearsay or by reference is not enough. We must study it and put into practice what it teaches us if we want to help others. And, if we really live in Christ, it will be noticed that we have an active interior life, and that we know how to be in contact with God. A personal program of daily Bible reading will grow in us the knowledge of what we have to do to show others the love we have for Christ and for our brother. And second, through classes we take and through listening to the word of God, we can begin to learn what the commandments of God are and try to follow them.

Believing in Christ is much more than coming to church once in a while. The teachings of Christ are based, above all, on the love of God. And, for that love, we put ourselves at the service of the community and of our brothers and sisters in Christ. Believing in Christ brings with it love for God and dedication to our neighbor, because if we truly love God, we already love our brothers and sisters in the faith. The sign of our authentic love for Christ is precisely brotherly love.

Let us ask the Blessed Virgin to teach us to let the light of our faith in God shine in the midst of this world that needs clarity. May she teach us to share not only bread with the needy, but also our affection, our solidarity and our total dedication.

Sexto Domingo del Tiempo Ordinario
Ciclo C Tomo 3
Lecturas: ((L1) Jeremías 17, 5-8 (L2) 1 Corintios 15, 12. 16-20 (Ev) Lucas 6, 17. 20-26

El mensaje que las Bienaventuranzas que hemos escuchado en el Evangelio de hoy nos trae, es, para algunas personas, difícil de entender y aceptar. Los que no siguen el camino, a veces difícil, de la vida en Cristo no admiten las Bienaventuranzas que nos predicó el Señor. No les gusta lo que Jesús les dice porque les parece que esta metiéndose en las cosas privadas de sus vidas.

En la vida actual, el ser humano muestra cierta resistencia a la hora de hablar sobre su vida. No quiere que nadie le diga cómo debe vivir. La sociedad en que vivimos ha desarrollado un alto sentido de la propiedad privada, del derecho de vivir cada persona su vida como le da la gana. Muchas veces hemos escuchado a personas decir: "No me digas lo que tengo que hacer. Esta es mi vida" o, "No tienes derecho sobre mi vida." Lamentablemente estas frases se escuchan con demasiada frecuencia en algunas familias. Es como si todo el mundo quisiera reafirmar un derecho indiscutible a desarrollar su propia existencia. Esto, en sí, no tiene nada malo. Todo el mundo tiene cierto derecho sobre su propia privacidad. Pero lo que es preocupante es cuando ese derecho se convierte en la necesidad de crear una vida totalmente independiente de todas las relaciones personales con otras personas. En casos extremos esta actitud puede crear confusión y desorientación, no solamente en el individuo, sino en las familias. Sobre todo, cuando quien cree esto no admite que nadie le aconseje o le intente ayudar.

La primera lectura de hoy nos dice que la persona que confía en el Señor de verdad vive una vida completamente libre. Y también nos dice que encontramos la libertad verdadera precisamente cuando seguimos los mandamientos de Dios. La persona que solo confía en sí mismo es cómo una planta sin raíces. Termina agostada, espiritualmente seca, como las plantas que no alcanzan llegar al agua que necesitan. Los que tenemos fe sabemos que poseemos un alma inmortal creada a imagen y semejanza de Dios. Por eso tenemos sed del agua de la vida eterna. Sabemos que gozamos del amor cálido del Dios que nos ama de verdad. Cuando el ser humano no pone esta dimensión espiritual en su vida, cuando lo único que cuenta es su propia independencia, entonces cae en el pecado de querer separarse de Dios, de vivir su vida como si Dios no existiera. Y termina alejándose de todo el mundo.

La lógica de Dios no es la nuestra. Incluso podíamos decir que Dios nos pide que le ayudemos a edificar su reino haciendo cosas que nos pueden parecer completamente ilógicas. En la Segunda Lectura, San Pablo nos dice que no podemos encontrar a Dios a través de la lógica. La muerte y resurrección de Nuestro Señor no tiene sentido. Más bien, mirándolo del punto de vista de la lógica, es una locura creer que Dios decidió rescatarnos de nuestros pecados enviando a su propio hijo a morir una muerte atroz para después resucitar de esa muerte en la cruz. Pero San Pablo nos dice que si no creemos esto, somos los seres humanos más desgraciados del mundo porque nuestra fe ha sido un engaño, y por lo tanto, no podemos creer en nuestra propia resurrección. Y si no resucitamos, entonces todo lo que creemos sobre la vida eterna es mentira. Nos dice el Apóstol que si nuestra esperanza en Cristo se redujera tan sólo a las cosas de esta vida, seríamos los más infelices de todos los hombres. Pero no es así, porque Cristo resucitó, y resucitó como la primicia de todos los muertos.

Demos gracias a Dios que nosotros sí creemos. Es más, démosle gracias porque deseamos seguir creyendo en Cristo hasta nuestra propia muerte. Y es que creemos, o más bien sabemos, que el único camino seguro a la vida eterna es a través de nuestra fe en Cristo. En esta Santa Misa que estamos celebrando, pidamos al Señor que aumente y fortalezca nuestra fe.

Sixth Sunday of Ordinary Time

Cycle C Book 3

Readings: (R1) Jeremiah 17:5-8 (R2) 1 Corinthians 15:12, 16-20 (Gos) Luke 6:17, 20-26

The message that the Beatitudes that we have heard in today's Gospel bring us is, for some people, difficult to understand and accept. Those who do not follow the sometimes difficult path of life in Christ do not admit the Beatitudes that the Lord preached to us. They do not like what Jesus tells them because it seems to them that He is getting into the private things of their lives.

In today's life, the human being shows a certain resistance when it comes to talking about his life. You don't want anyone to tell you how you should live. The society in which we live has developed a high sense of private property, of the right to live each person their life as they please. Many times we have heard people say, "Don't tell me what to do. This is my life "or," You have no right over my life. "Unfortunately these phrases are heard too often in some families. It is as if everyone wants to reaffirm an indisputable right to develop their own existence. This, in itself, has nothing wrong. Everyone has a certain right to their own privacy. But what is worrisome is when that right becomes the need to create a life totally independent of all personal relationships with other people. In extreme cases, this attitude can create confusion and disorientation, not only in the individual, but also in families. Above all, when those who believe this do not admit that no one is advising or trying to help them.

Today's first reading tells us that the person who truly trusts in the Lord lives a completely free life. And it also tells us that we find true freedom precisely when we follow God's commandments. The person who only trusts himself is like a plant without roots. It ends up withered, spiritually dry, like plants that cannot reach the water they need. Those of us who have faith know that we possess an immortal soul created in the image and likeness of God. That is why we thirst for the water of eternal life. We know that we enjoy the warm love of the God who truly loves us. When the human being does not put this spiritual dimension in his life, when the only thing that counts is his own independence, then he falls into the sin of wanting to separate from God, of living his life as if God did not exist and ends up moving away from everyone.

God's logic is not ours. We could even say that God asks us to help him build his kingdom by doing things that may seem completely illogical to us. In the Second Reading, Saint Paul tells us that we cannot find God through logic. The death and resurrection of Our Lord is meaningless. Rather, looking at it from the point of view of logic, it is insane to believe that God decided to rescue us from our sins by sending his own son to die a heinous death and then rise again from that death on the cross. But St. Paul tells us that if we do not believe this, we are the most wretched human beings in the world because our faith has been a delusion, and therefore we cannot believe in our own resurrection. And if we are not resurrected, then everything we believe about eternal life is a lie. The Apostle tells us that if our hope in Christ were reduced only to the things of this life, we would be the most unhappy of all men. But it is not like that, because Christ rose again, and rose again as the first fruit of all the dead.

Let's thank God that we do believe. In fact, let us thank him that we want to continue believing in Christ until our own death. And it is that we believe, or rather we know, that the only sure way to eternal life is through our faith in Christ. In this Holy Mass that we are celebrating, let us ask the Lord to increase and strengthen our faith.

Séptimo Domingo del Tiempo Ordinario

Ciclo C Tomo 3
Lecturas: (L1) 1 Samuel 26, 2. 7-9. 12-13. 22-23 (L2) 1 Corintios 15, 45-49 (Ev) Lucas 6, 27-38

En el Evangelio de hoy hemos escuchado a Nuestro Señor Jesucristo invitarnos a ser generosos y a tener un corazón grande como el suyo, a bendecir a quien nos maldiga y orar por los que nos injurian. Lo que nos dice el Señor es que con la misma medida que juzguemos a otros seremos juzgados.

Jesús nos pide, en el Evangelio, que cuando nos den una bofetada física o moral que pongamos la otra mejilla. Y nos pide más. Al decirnos, el Señor, "al que te quite el manto, déjalo llevarse también la túnica" nos está diciendo que debemos dejarnos engañar, a sabiendas, que seamos generosos aunque se rían de nosotros porque no llegan a entender porqué estamos actuando así. Cuando no se está con Dios, es muy difícil comprender a los que actúan como manda el Señor. Sin embargo, los que seguimos a Cristo sabemos que hacer el bien es lo importante. Sabemos en todo momento que Dios nos ama y nos ha prometido que nunca nos dejará solos. Claro está que Dios dice "ayúdate y te ayudaré". No aprenderemos a vencer el mal si no tratamos de progresar en todos los aspectos de nuestra vida haciendo el bien cuando vemos que algún hermano o hermana necesita nuestra ayuda. Para progresar en nuestra vida espiritual tenemos que orar, tener fe y estar en gracia para cumplir las exigencias del Evangelio de hoy.

En nuestra vida cotidiana, oímos constantemente todo lo opuesto a lo que nos pide el Señor en este Evangelio. El mundo nos dice que debemos acumular todo lo posible aunque tengamos que pisotear al prójimo para hacerlo. Por eso, cuando escuchan las palabras de Nuestro Señor en nuestro Evangelio de hoy, muchos dicen: "¿Y por qué tengo que hacer eso? Tengo mis derechos, como ciudadano, como feligrés". Pero ¿a quién vamos a escuchar? ¿Al mundo ó a Dios? El Señor nos pide que nos olvidemos de nosotros mismos, e incluso de nuestros propios derechos, defendiendo los derechos de los demás más que los propios. Si hacemos eso, caminaremos por la vida con más humildad y podremos disculpar más, incluso a las personas que son más antipáticas y que nos resultan más difíciles de perdonar.

La grandeza de alma que nos pide el Señor lo mostramos cuando perdonamos tanto lo mucho como lo poco. Si decimos que somos cristianos, no podemos ir por el mundo con una lista de quejas en el corazón, con rencores y malos recuerdos que empequeñecen el ánimo. Dios nos llama a ser más cómo Él. Y de la misma manera que Él está siempre dispuesto a perdonarnos a nosotros, nuestra capacidad para perdonar no debe tener límites. En el evangelio de hoy el Señor nos dice "amen a sus enemigos,... rueguen por los que los maltratan." Nada nos asemeja más a Dios como estar siempre dispuestos a perdonar. En la cruz Jesús practicó lo que había practicado al decir, "Padre, perdónalos porque no saben lo que hacen." (Lucas 23, 34)

Sin duda no es nada fácil amar a los que nos odian. Solo es posible con la gracia de Dios. Por supuesto, no se trata de sonreír a los que nos persiguen. Cristo no nos pide que seamos ni serviles ni tontos pero si nos dice que tengamos grandeza de alma, que sepamos perdonar, que no deseemos hacer daño a los que nos han hecho daño. Y, también, que oremos por la conversión de los que nos han hecho ese daño para que cambien sus vidas y vuelvan al Señor, porque el que hace daño a otro a sabiendas seguramente ha dejado de ser buen cristiano. Debemos estar siempre dispuestos a ayudar a todos los que nos piden ayuda, incluyendo a los que nos hacen daño.

Desgraciadamente en las relaciones humanas, e incluso en el matrimonio, el amor puede convertirse en odio. Para recobrar nuestra paz espiritual y romper las cadenas del odio debemos aprender a perdonar con generosidad. Al actuar así reflejamos la imagen de Cristo en nuestras vidas. Recordemos que con la luz vencemos las tinieblas, con la verdad vencemos el error y con el amor vencemos el odio.

Seventh Sunday of Ordinary Time
Cycle C Book 3
Readings: (R1) 1 Sam 26: 2, 7-9, 12-13, 22-23 (R2) 1 Corinthians 15:45-49 (Gos) Luke 6:27-38

In today's Gospel we have heard Our Lord Jesus Christ invite us to be generous and to have a big heart like his, to bless those who curse us and pray for those who insult us. What the Lord tells us is that with the same measure that we judge others we will be judged.

Jesus asks us, in the Gospel, that when they give us a physical or moral slap to turn the other cheek. And he asks us for more. When the Lord says to us, "Whoever takes your cloak, let him also take your tunic," he is telling us that we must allow ourselves to be deceived, knowingly, that we should be generous even if others laugh at us because they do not understand why we are acting as we do. When we are not with God, it is very difficult to understand those who act as the Lord commands. However, those of us who follow Christ know that doing good is important. We know at all times that God loves us and has promised us that he will never leave us alone. Of course, God says "help yourself and I will help you." We will not learn to overcome evil if we do not try to progress in all aspects of our life by doing good when we see that a brother or sister needs our help. To progress spiritually, we have to pray, have faith and be in grace to fulfill the demands of today's Gospel.

In our daily life, we constantly hear the opposite of what the Lord asks of us in this Gospel. The world tells us that we must accumulate as much as possible even if we have to trample others to do so. That is why, when they hear Our Lords words our Lord says in our Gospel today, many say, "And why do I have to do that? I have my rights, as a citizen, as a parishioner." But who are we going to listen to - the world or God? The Lord asks us to forget ourselves, and even our own rights, defending the rights of others more than our own. If we do that, we will walk through life with more humility and can be more forgiving, even to the people who are more unpleasant and who are more difficult to forgive.

We show the magnanimity that the Lord asks of us when we forgive both the great things as well as the small sins that are committed against us. If we say that we are Christians, we cannot go around the world with a list of complaints in our hearts, with grudges and bad memories that dwarf our spirits. God calls us to be more like Him. And just as He is always willing to forgive us, our ability to forgive should have no limits.

In today's Gospel the Lord tells us, *"love your enemies ... pray for those who mistreat you."* Nothing makes us more like God than always being willing to forgive. On the cross Jesus practiced what he had preached by saying, *"Father, forgive them because they don't know what they are doing"* (Luke 23, 34)

It is certainly not at all easy to love those who hate us. It is only possible to do so with the grace of God. Of course, it is not about smiling at those who persecute us. Christ does not ask us to be either servile or foolish, but he does tell us to be generous, to know how to forgive, that we do not seek to hurt those who have hurt us. And, also, that we pray for the conversion of those who have done us that harm so that they change their lives and return to the Lord, because whoever knowingly harms another has surely ceased to be a good Christian. We must always be ready to help everyone who asks us for help, including those who have harmed us.

Unfortunately in human relationships, and even in marriage, love can turn into hate. To regain our spiritual peace and break the chains of hatred we must learn to forgive generously. By doing this we reflect the image of Christ in our lives. Let us remember that with light we conquer darkness, with truth we conquer error, and with love we conquer hatred.

Octavo Domingo del Tiempo Ordinario
Ciclo C Tomo 3
Lecturas: (L1) Eclesiástico 27, 5-8 (L2) 1 Corintios 15, 54-58 (Ev) Lucas 6, 39-45

El domingo pasado escuchamos las palabras del Señor en el Evangelio. Nos dijo que debemos amar no solo a las personas con las que tenemos buenas relaciones, sino que debemos tratar de amar a las personas que son nuestros enemigos, incluso a los que nos lastiman a propósito, orando por ellos, si es necesario. En el Evangelio de hoy hemos escuchado al Señor comentar una situación que puede ser motivo de muchas disputas y altercados, incluso entre miembros de una misma familia.

Jesús les dice a sus seguidores que no deben tener el mal hábito de criticar a otras personas por hacer o decir cosas cuando en realidad, ellos mismos son mucho peores en estos mismos respetos. No se sabe por qué el Señor les dijo esto a sus seguidores. Justo había terminado de predicar sobre las Bienaventuranzas y comenzó a decirles a sus seguidores que no solo debían amar al prójimo sino que tenían la obligación de amar a sus enemigos. Después les dice: "No juzguéis, y no seréis juzgados; No condenes y no serás condenado; Perdona, y serás perdonado."(Lucas 6:37) Y a continuación les dice, "¿Por qué miran la pajita que su hermano tiene en el ojo y no se dan cuenta de la viga que ustedes tienen en el suyo?" Y es que la murmuración y la calumnia a menudo pueden ser la causa de disputas y peleas entre conocidos, amigos y familiares. Muchas veces el chisme y la habladuría provienen del orgullo, acompañado de envidia. Estos dos pecados se unen para hacer que algunas personas critiquen cualquier defecto, aunque sea pequeño de las personas ajenas, en lugar de meditar sobre las imperfecciones que tienen ellos mismos. Y, a veces hasta se acaloran, señalando y condenando a personas que quizás no son culpables de nada.

Muchos son los que han sido blancos de fábulas inventadas por personas ajenas sobre su supuesto comportamiento. Y puedo decir sin duda que no es muy agradable escuchar las falsas acusaciones fabricadas que han circulado sobre nosotros y nuestras familias. Muchas veces esto sucede porque no toleran que otras personas hagan algo mejor que ellos. Ha surgido una idea falsa de que ser iguales, en el sentido de tener los mismos derechos y responsabilidades, nos da derecho a difundir historias y chismes sobre otras personas simplemente para demostrarles a todos que nadie tiene el derecho de triunfar en nada de lo que hace. En vez de alegrarnos en los triunfos de otros, no toleramos que alguien haga algo mejor que nosotros, que tenga mejores cualidades, o que haya sido, de alguna manera, más afortunado que nosotros.

Criticar sin razón puede tener su raíz en que haya personas que añoran el primer puesto; quieren ser los más importantes para que todo se haga a su antojo. Les gusta ser adulados, como los fariseos. Todos reconocemos que en nuestra sociedad hay personas como las que acabo de mencionar, incluso, lamentablemente, dentro de nuestras comunidades y grupos eclesiales. Quieren gobernarlo todo. Con este comportamiento no ayudan a la comunidad de ninguna manera. Solo consiguen que muchos lo dejen.

Jesús nos dice que, antes de juzgar y ver faltas en el hermano, analizamos nuestra propia vida y nuestro propio comportamiento, corrigiendo las faltas que puedan existir en ella. Ver defectos en lugar de virtudes en los demás, y ver en nosotros solo virtudes en lugar de defectos, no es ni aconsejable ni caritativo. Porque precisamente lo que el Señor nos manda es que seamos tolerantes con los demás y duros con nosotros mismos. Si nos tomamos el tiempo de ver cómo nos va desde los defectos, seguramente no sentiremos las ganas de señalar las pequeñas o grandes deficiencias que vemos en nuestros vecinos.

Seamos fieles a Cristo. Como cristianos tenemos la obligación de respetar a nuestro prójimo. Si actuamos así no solo agradaremos a Dios, sino también a nuestra familia, amigos y conocidos.

Eighth Sunday of Ordinary Time

Cycle C Book 3

Readings: (R1) Sirach 27:5-8 (R2) 1 Corinthians 15:54-58 (Gos) Luke 6:39-45

Last Sunday we heard the words of the Lord in the Gospel. He told us that we should love not only the people with whom we have good relationships, but that we should try to love the people who are our enemies, even those who hurt us on purpose, praying for them, if necessary. In today's Gospel we have heard the Lord comment on a situation that can be the cause of many disputes and altercations, even between members of the same family.

Jesus tells his followers that they should not have the bad habit of criticizing other people for doing or saying things when in reality, they themselves are much worse in these same respects. It is not known why the Lord said this to his followers. He had just finished preaching on the Beatitudes and began to tell his followers that they should not only love their neighbor but that they had an obligation to love their enemies. Then he says to them: "Judge not, and you will not be judged; Do not condemn and you will not be condemned; Forgive and you will be forgiven" (Luke 6:37) Then he says to them, "Why do you look at the straw that your brother has in his eye and not realize the beam that you have in yours?" And is that gossip and slander can often be the cause of disputes and fights between acquaintances, friends and family. Many times gossip and gossip come from pride, accompanied by envy. These two sins come together to make some people criticize any fault, even a small one, of other people's people, instead of meditating on the imperfections they have themselves, and sometimes they even get heated, pointing out and condemning people who perhaps are not guilty of anything.

Many are those who have been targets of fables invented by outsiders about their supposed behavior. And I can say without a doubt that it is not very pleasant to hear the fabricated false accusations that have circulated about us and our families. Many times this happens because they do not tolerate other people doing something better than them. A misconception has arisen that being equal, in the sense of having the same rights and responsibilities, gives us the right to spread stories and gossip about other people simply to show everyone that no one has the right to succeed in anything they do. Instead of rejoicing in the triumphs of others, we do not tolerate someone doing something better than us, having better qualities, or being, in some way, more fortunate than us.

Criticizing without reason can be rooted in the fact that there are people who long for the first position; they want to be the most important so that everything is done as they please. They like to be flattered, like the Pharisees. We all recognize that in our society there are people like the ones I just mentioned, even, unfortunately, within our communities and ecclesial groups. They want to rule everything. With this behavior they do not help the community in any way. They only get many to quit.

Jesus tells us that, before judging and seeing faults in the brother, we analyze our own life and our own behavior, correcting the faults that may exist in it. Seeing defects instead of virtues in others, and seeing in ourselves only virtues instead of defects, is neither advisable nor charitable. Because precisely what the Lord commands to do is to be tolerant with others and hard with ourselves. If we take the time to see how we fare from the flaws, surely we will not feel the urge to point out the small or large deficiencies that we see in our neighbors.

Let us be faithful to Christ. As Christians we have an obligation to respect our neighbor. If we act like this we will not only please God, but also our family, friends and acquaintances.

Noveno Domingo del Tiempo Ordinario

Ciclo C Tomo 3
Lecturas: (L1) 1 Reyes 8, 41-43 (L2) Gálatas 1, 1-2. 6-10 (Ev) Lucas 7, 1-10

En el Evangelio hemos escuchado cómo Jesús, cuando terminó de hablar con la gente, entró en Cafarnaúm. Había allí un centurión que tenía enfermo, y a punto de morir, a uno de sus criados que él tenía en gran estima. Oyó hablar de Jesús de Nazaret. El centurión era Romano y tenía fama de ser una extraordinaria persona. Así se lo dijeron a Jesús los ancianos judíos que el centurión envió a rogarle que fuera a curar a su criado. Estos ancianos estaban agradecidos a este pagano porque les había construido la sinagoga.

Jesús se encaminó hacia donde le indicaban. No sabemos porque se dirigió hacia la casa del centurión. Es muy probable que el Señor, al escuchar lo que los ancianos le decían, pudo ver que este oficial militar Romano, era una buena persona. Lo que sí nos deja ver el Evangelio claramente, es que este hombre, aunque era pagano, tenía mucha fe. Oyó hablar de Jesús e inmediatamente creyó en Él y en su poder, a pesar de que no lo conocía.

El centurión probablemente había pasado varios años en esta parte del Oriente Medio porque sabía que los judíos no se mezclaban con los paganos porque los consideraban impuros. Por eso, cuando Jesús no estaba muy lejos de la casa del centurión, este mando unos amigos suyos al encuentro del Señor para decirle que el centurión no se sentía digno de que Jesús entrara bajo su techo, que sabía que no era necesario que llegara el Señor hasta el enfermo. Este hombre comprendió, sin haberle visto nunca, que Jesús tenía el mismo poder de Dios. Sabía que tenía poder para hacer la curación sin entrar en la casa y sin ver al enfermo.

Jesús se admiró al escuchar a un pagano decir que creía en el gran poder del Hijo de Dios, mientras que el propio pueblo judío no reconocía que el Señor era el Mesías. Viendo la fe de este pagano, Jesús dijo, "les digo que ni siquiera en Israel he encontrado tanta fe". Al volver a la casa, los amigos del centurión vieron que Jesús había curado al enfermo. Por poca fe que tengamos, no debe sorprendernos la curación milagrosa del criado. Si creemos que Jesús es Dios, la Segunda Persona de la Santísima Trinidad, sabemos que tiene poder absoluto sobre la enfermedad, sobre la muerte, en una palabra, sobre todo. Y, siendo Dios, usa su poder como le place y cuando le place.

Nuestra fe empalidece ante la fe de este centurión. Es una fe que cualquier Cristiano debe envidiar. Y que contrasta con lo que dice San Pablo en la Segunda Lectura. En su Carta a los Gálatas, San Pablo les dice que está dolido y decepcionado con ellos y su proceder. El Apóstol Pablo siempre hablaba claramente. Les pregunta a los cristianos de esa comunidad, en toda su decepción e incluso enfado, ¿cómo se han podido alejar tan pronto del evangelio verdadero para creer en algo que él llama un evangelio vuelto del revés? Y les dice, más enfadado aún, que si alguien viene a ellos predicando un evangelio que no es el que recibieron anteriormente, sea el propio San Pablo ó un ángel del cielo, ¡sea maldito! Uno se pregunta, al oír estas duras palabras de San Pablo, "¿Cómo podemos nosotros quedarnos tan impasibles viendo como muchos de nuestros hermanos y hermanas en la fe se dejan turbar por los que cambian la palabra de Dios a su antojo, quitando la verdadera, tergiversándola y cambiándola a lo que les parece más fácil de seguir?" Las personas que hacen esto van contra la Suprema Divinidad de Dios. No nos dejemos engañar por estos falsos profetas que quieren quitarnos nuestra fe.

Al salir hoy de esta Santa Misa, pensemos en la fe del centurión. La fe es el don más preciado que una persona puede tener. Por eso precisamente debemos pedir constantemente a Nuestro Señor para que El nos la aumente cada día más.

Ninth Sunday of Ordinary Time

Cycle C Book 3

Readings: (R1) 1 Kings 8:41-43 (R2) Galatians 1:1-2, 6-10 (Gos) Luke 7:1-10

In the Gospel we have heard how Jesus, when he finished talking to the people, entered Capernaum. There was a centurion there who had a servant whom he held in great esteem who was sick and about to die. The centurion had heard about Jesus of Nazareth. The centurion was a Roman and had a reputation for being an extraordinary person. This is what the Jewish elders told Jesus about the centurion when he sent to beg Jesus to come and heal his servant. The elders were grateful to this pagan because he had built the synagogue for them.

Jesus went where they indicated. We don't know why he headed for the centurion's house. It is very likely that the Lord, upon hearing what the elders told him, could see that this Roman military officer was a good person. What the Gospel does let us see clearly is that this man, although he was a pagan, had a lot of faith. He heard about Jesus and immediately believed in him and in his power, even though he did not know him.

The centurion had probably spent several years in this part of the Middle East because he knew that Jews did not mix with pagans because pagans were considered to be unclean. For this reason, when Jesus was not far from the centurion's house, he sent some of his friends to meet the Lord to tell him that the centurion did not feel worthy of Jesus entering under his roof, that he knew that it was not necessary for the Lord even the sick. This man understood, without ever having seen him, that Jesus had the same power as God. He knew that he had the power to do the healing without entering the house and without seeing the sick man.

Jesus was amazed to hear a pagan say that he believed in the great power of the Son of God, while the Jewish people themselves did not recognize that the Lord was the Messiah. Seeing the faith of this pagan, Jesus said, *"I tell you that even in Israel I have not found so much faith."* Returning home, the centurion's friends saw that Jesus had healed the sick. No matter how little faith we may have, we should not be surprised by the miraculous healing of the servant. If we believe that Jesus is God, the Second Person of the Holy Trinity, we know that he has absolute power over illness, over death, in a word, over everything. And, being God, he uses his power as it pleases him and when it pleases him to do so.

Our faith pales before the faith of this centurion. It is a faith that any Christian should envy. And that contrasts with what Saint Paul says in the Second Reading. In this Letter to the Galatians, Saint Paul tells them that he is hurt and disappointed with them and their actions. The Apostle Paul always spoke clearly. He asks the Christians in that community, in all his disappointment and even anger, how could they so quickly turn away from the true gospel to believe in what he calls a gospel turned upside down? And he tells them, even more annoyed, that if someone comes to them preaching a gospel that is not the one they previously received, be it Saint Paul himself or an angel from heaven, may that person be cursed! One wonders, upon hearing these harsh words of Saint Paul, "How can we remain so impassive seeing how many of our brothers and sisters in the faith allow themselves to be disturbed by those who change the word of God at will, discarding the true word, misrepresenting it and changing it to what seems easier to follow? " People who do this go against the Supreme Divinity of God. Let's not be fooled by these false prophets who want to take away our faith.

As we leave this Holy Mass today, let us think about the faith of the centurion. Faith is the most precious gift a person can have. That is precisely why we must constantly ask Our Lord so that He increases it for us every day.

Primer Domingo de Cuaresma
Ciclo C Tomo 3
Lecturas: (L1) Deuteronomio 26, 4-10 (L2) Romanos 10, 8-13 (Ev) Lucas 4, 1-13

Este domingo celebramos el comienzo de la temporada cuaresmal, el Primer Domingo de Cuaresma. El miércoles pasado, Miércoles de Ceniza, comenzamos esta temporada litúrgica que conmemora los cuarenta días que Nuestro Señor Jesucristo pasó en el desierto. Nuestra Iglesia Católica denomina a este tiempo, "tiempo de penitencia y de renovación interior". Es tiempo para hacer examen de conciencia, para revisar cómo ha ido nuestra vida durante el año que ya pasó y para prepararnos espiritualmente para vivir los meses y los años que aún nos quedan para vivir. Es tiempo de oración y tiempo de reflexión, que es a lo que la Iglesia nos invita. Nos pide limpiar nuestras almas y empezar de nuevo.

El Evangelio de hoy nos dice cómo Jesús se fue al desierto y allí pasó cuarenta días. Es la primera vez que Cristo, Nuestro Señor, fue tentado. Es la primera vez que el diablo, descaradamente, se enfrenta a Cristo poniéndolo a prueba. Pero, ya sabemos que Jesús nunca pecó. Era similar en todo a nosotros menos en el pecado. El Diablo lo tentó abiertamente pero Jesús no se doblegó ante las tentaciones que el Maligno le propuso. Con esto el Señor nos enseña que no debemos creer que a nosotros no nos vaya a tentar Satanás. Si se atrevió tentar al mismo Señor, no tendrá reparo en intentar hacernos lo propio. No podemos decir lo que algunos dicen, "Yo no peco". A todos nos prueba Satanás. Y muchas veces nos cedemos a sus tentaciones, algo que no consiguió con Nuestro Señor, Jesús.

La Iglesia nos pide que mostremos nuestra penitencia por los pecados que hemos cometido mediante el ayuno y la abstinencia. La confesión, la mortificación y la penitencia, fortifican nuestras almas para resistir al Demonio que durante estos cuarenta días de Cuaresma y durante los días de la Pasión de Cristo nos va a tentar con mucha más saña.

No debemos olvidar que aunque Satanás nos quiere tentar, Cristo siempre está dispuesto a ayudarnos a librarnos del pecado. Nos dará la gracia que necesitamos para vencer a las asechanzas de Satanás. Claro está, esto lo hará si nosotros nos preparamos, si limpiamos nuestras almas, y si pedimos al Señor esa gracia. Si confesamos nuestros pecados y pedimos con sincero arrepentimiento, "líbrame Señor de todo pecado," Él lo hará.

Esta temporada cuaresmal es tiempo de misericordia y también es el más idóneo para purificarnos y fortalecernos espiritualmente, para cambiar nuestras vidas, para convertirnos y seguir a Cristo. Comenzamos a sentir la conversión cuando dejamos el pecado, volvemos al lado de Dios y hacemos la firme resolución de mejorar espiritualmente y enmendar nuestras vidas, si esto fuera necesario.

Si creemos de verdad en la Buena Noticia, en el Evangelio de Cristo, forzosamente sentiremos la necesidad de abandonar radicalmente la vida de pecado. Nuestro Señor, con el ejemplo que nos dio al pasar esos cuarenta días en el desierto ayunando y orando, nos muestra cómo debemos prepararnos espiritualmente para la Pascua. Nos pide desprendernos de cualquier cosa o persona que nos está atando al pecado. Nos pide desprendernos del egoísmo, de la lujuria, del orgullo malsano, de la envidia, de creernos mejores que los otros, en fin, de todos los pecados que nos separan de Dios. El pecado rompe la relación que tenemos con Dios. La conversión que el Señor nos pide consiste, ante todo, en recuperar esa relación con Dios abrazándole y mostrándole que sentimos habernos separado de Él y queremos seguir siendo sus hijas e hijos. Sería un lamentable error no aprovechar estos días cuaresmales dejando para más tarde lo que, como cristianos, sabemos que tenemos la obligación de hacer ya. Recordemos, con un deseo ardiente de cambiar la vida, que aún estamos a tiempo para arrepentirnos haciendo una confesión sincera.

Quiera el Señor concedernos una Cuaresma especial y diferente a las otras que hemos vivido. Que sepamos aprovechar estos días para, de verdad, hacer una completa conversión. Y que sepamos hacer lo que Cristo nos pide que hagamos para que seamos completa y auténticamente fieles a Él.

First Sunday of Lent

Cycle C Book 3

Readings: (R1) Deuteronomy26: 4-10 (R2) Romans10: 8-13 (Gos) Luke 4: 1-13

This Sunday we celebrate the beginning of the Lenten season, the First Sunday of Lent. Last Wednesday, Ash Wednesday, we began this liturgical season that commemorates the forty days that Our Lord Jesus Christ spent in the desert. Our Catholic Church calls this time "a time of penance and interior renewal." It is time to examine our consciences, to review how our life has been during the year that has already passed and to prepare ourselves spiritually to live the months and years that we still have to live. It is a time of prayer and a time of reflection, which is what the Church invites us to. She asks us to cleanse our souls and start over.

Today's Gospel tells us how Jesus went into the desert and spent forty days there. It is the first time that Christ, Our Lord, was tempted. It is the first time that the devil, shamelessly, confronts Christ by putting him to the test. But, we already know that Jesus never sinned. He was similar in everything to us except sin. The Devil openly tempted him but Jesus did not yield to the temptations that the Evil One proposed to him. With this the Lord teaches us that we should not believe that Satan is not going to tempt us. If he dared to tempt the Lord himself, he will have no qualms about trying to do the same to us. We cannot say what some say, "I do not sin." Satan tests us all. And many times we give in to his temptations, something that he did not achieve with Our Lord, Jesus.

The Church asks us to show our penance for the sins we have committed through fasting and abstinence. Confession, mortification and penance fortify our souls to resist the Devil who during these forty days of Lent and during the days of the Passion of Christ will tempt us much more fiercely.

We must not forget that although Satan wants to tempt us, Christ is always ready to help us free ourselves from sin. He will give us the grace we need to overcome the snares of Satan. Of course, He will do this if we prepare ourselves, if we cleanse our souls, and if we ask the Lord for that grace. If we confess our sins and ask with sincere repentance, "Deliver me Lord from all sin," He will do it.

This Lenten season is a time of mercy and it is also the most suitable point in time to purify and strengthen ourselves spiritually, to change our lives, to convert and follow Christ. We begin to feel conversion when we leave sin, return to God's side and make a firm resolution to improve spiritually and amend our lives, if necessary.

If we truly believe in the Good News, in the Gospel of Christ, we will necessarily feel the need to radically abandon the life of sin. Our Lord, through the example He gave us spending those forty days in the desert fasting and praying, shows us how we should prepare ourselves spiritually for Easter. He asks us to let go of anything or person that binds us to sin. He asks us to rid ourselves of selfishness, lust, unhealthy pride, envy, believing we are better than others, in other words, from all the sins that separate us from God. Sin breaks the relationship we have with God. The conversion that the Lord asks of us consists; above all, in recovering that relationship with God by embracing him and showing him that we are sorry that we separated ourselves from him and that we want to continue being his daughters and sons. It would be an unfortunate mistake not to take advantage of these Lenten days by leaving for later what, as Christians, we know we have an obligation to do now. Let us remember, with a burning desire to change our life that we still have time to make a sincere and heartfelt confession.

May the Lord grant us a special Lent that is different from the others we have experienced. May we know how to take advantage of these days to really make a complete conversion. And may we know how to do what Christ asks us to do so that we can be completely and authentically faithful to Him.

Segundo Domingo de Cuaresma

Ciclo C Tomo 3
Lecturas: (L1) Génesis 15, 5-12. 17-18 (L2) Filipenses 3, 17-4, 1 (Ev) Lucas 9, 28b-36

En el Evangelio de hoy, del evangelista San Lucas, hemos escuchado lo que sucedió en el Monte Tabor cuando el Señor subió al monte acompañado por tres de sus apóstoles. Anteriormente, en Cesarea de Filipo, Jesús les había anunciado a sus discípulos como sería su pasión y muerte. Les dijo que Él iba a sufrir, e incluso iba a morir, en manos de las autoridades religiosas. En realidad lo que les dijo es que tenía que pasar por el sufrimiento antes de llegar a la gloria de su Resurrección. Pero sus discípulos no entendieron completamente lo que quería decir el Señor, y se quedaron tristes y preocupados.

Es entonces cuando Jesús lleva a Pedro, Santiago y Juan con él a un lugar apartado para orar. Estos apóstoles fueron los que posteriormente presenciaron la agonía y el arresto de Nuestro Señor en el Huerto de los Olivos. Pero eso era algo que sucedería en el futuro. Después de escuchar lo que el Señor les había comunicado en Cesarea de Filipo estos mismos apóstoles llevaban varios días cabizbajos y preocupados. Estaban muy desanimados.

Parece ser que como al ver los apóstoles dudosos, Nuestro Señor decidió manifestarles su verdadera gloria. Probablemente quiso quitarles esa tristeza y preocupación y les dejó ver lo que hoy en día llamamos "La Transfiguración". El destello divino que vieron los apóstoles fue para ellos algo muy fugaz. De repente vieron el rostro glorioso de Cristo resplandeciente y sus vestiduras esplendorosamente blancas. Además, se les aparecieron el profeta Elías y el patriarca Moisés. Pero esto duró muy poco, más bien unos instantes. Y después solo vieron a Jesús. Es muy probable que el Señor diera este privilegio a estos tres Apóstoles para que pudieran gozar, por un corto tiempo, de la felicidad reservada en el Cielo para los que siguen a Dios fielmente.

A veces, nosotros también no entendemos el motivo de los acontecimientos diarios de la vida. No sabemos cómo vamos a salir de los problemas que nos trae la vida diaria. Cuando nos pasa esto el Señor nos pide que tengamos fe en Él. Y esta temporada cuaresmal es un tiempo perfecto para mostrar nuestra fe en Cristo, para mostrarle que estamos dispuestos a escucharle y a seguirle. Durante estos días de Cuaresma, nosotros, dentro de esta comunidad, debemos prepararnos, mediante la penitencia y el ayuno, para la fiesta de la gloriosa Resurrección de Nuestro Señor Jesucristo. El Señor nos recuerda lo que les dijo a los apóstoles, que antes de llegar a la gloria hay que pasar por el calvario de la vida cotidiana.

La Primera Lectura nos habla de la vida de Abran. Cuando Dios llamó a Abran y le dijo que iba fundar un nuevo pueblo, este respondió con prontitud. Abran estaba dispuesto a dejarlo todo porque Dios se lo había pedido. Y para mostrarle a Abran que esa fe que tenía en Dios sería compensada, el Todopoderoso le hizo celebrar un rito de sacrificio de animales que nos puede parecer extraño. Este rito tiene sus raíces en las costumbres del Oriente Medio en los tiempos de Abran. A través de él, Dios le mostró a Abran que Él siempre le sería fiel. El rito se celebraba cuando dos pueblos, o tribus, sellaban una alianza entre ambos. Mediante este rito, Abran jura que él y su familia estaban dispuestos a dar sus vidas por Dios, si esto fuera necesario. A cambio, Dios prometió serle fiel a Abran y a sus descendientes defendiéndoles ante todos los enemigos.

Hermanas y hermanos, este Segundo Domingo de Cuaresma, la Iglesia nos alienta a transformar nuestras vidas, a que nos mantengamos firmes en nuestra fe. La vida es corta y no sabemos cuánto tiempo aun tenemos para vivir. Lo que sí sabemos es que si seguimos al Señor fielmente con alegría y confianza algún día disfrutaremos de la gloria que Dios nos tiene reservada.

Second Sunday of Lent

Cycle C Book 3
Readings: (R1) Genesis 15:5-12, 17-18 (R2) Philippians 3:17-4:1 (Gos) Luke 9:28b-36

In today's Gospel, written by Saint Luke the Evangelist, we have heard what happened on Mount Tabor when the Lord climbed up the mountain accompanied by three of his apostles. Earlier, in Caesarea Philippi, Jesus had announced to his disciples what his passion and death would be like. He told them that He was going to suffer, and even die, at the hands of the religious authorities. In reality what he told them is that he had to go through suffering before reaching the glory of his Resurrection. But his disciples did not fully understand what the Lord meant, and they were left sad and worried.

It is then that Jesus took Peter, James, and John with him to a secluded place to pray. These apostles were the ones who later witnessed the agony and arrest of Our Lord in the Garden of Olives. But that was something that would happen in the future. After hearing what the Lord had communicated to them in Caesarea Philippi, these same apostles had been downcast and worried for several days. They were very discouraged.

It seems that when Our Lord saw that his apostles were doubtful, He decided to show them his true glory. He probably wanted to take away their sadness and worry and let them see what today we call "The Transfiguration." This divine flash that the apostles saw was something very fleeting.

Suddenly they saw the glorious face of Christ dazzlingly bright and his robes splendidly white. Furthermore, the prophet Elijah and the patriarch Moses appeared to them. But this lasted just a very short time, more like a few moments. And then they only saw Jesus. It is very likely that the Lord gave this privilege to these three Apostles so that they could enjoy, for a short time, the happiness reserved in Heaven for those who follow God faithfully.

Sometimes we too do not understand the reason for the daily events of life. We do not know how we are going to get out of the problems that daily life brings us. When this happens to us, the Lord asks us to have faith in Him. And this Lenten season is a perfect time to show our faith in Christ, to show him that we are willing to listen to him and to follow him. During these days of Lent, we, within this community, must prepare, through penance and fasting, for the feast of the glorious Resurrection of Our Lord Jesus Christ. The Lord reminds us of what he told the apostles, that before we reach the glory, we must go through the Calvary of everyday life.

The First Reading tells us about Abraham's life. When God called Abraham and told him that he was going to found a new people, he responded promptly. Abraham was willing to give up everything because God had asked him to. And to show Abraham that his faith in God would be compensated, the Almighty had him celebrate a rite of animal sacrifice that may seem strange to us. This rite has its roots in the customs of the Middle East in the times of Abraham. Through it, God showed Abraham that He would always be faithful to him. The rite was celebrated when two peoples, or tribes, sealed an alliance between them. Through this rite, Abraham swore that he and his family were willing to lay down their lives for God, if necessary. In return, God promised to be faithful to Abraham and his descendants by defending them against all enemies.

Sisters and brothers, this Second Sunday of Lent, the Church encourages us to transform our lives, to stand firm in our faith. Life is short and we don't know how long we still have to live. What we do know is that if we faithfully follow the Lord with joy and confidence we will one day enjoy the glory that God has in store for us.

Tercer Domingo de Cuaresma

Ciclo C Tomo 3
Lecturas: (L1) Éxodo 3, 1-8a. 13-15 (L2) 1 Corintios 10, 1-6. 10-12 (Ev) Lucas 13, 1-9

Para ser discípulo del Señor es preciso seguir su consejo: *"El que quiera venir en pos de mí, niéguese a sí mismo, tome su cruz y sígame."* (Mateo 16,24) Estas palabras de Jesús tienen vigencia en todos los tiempos, ya que fueron dirigidas a todo el género humano. No es posible seguir al Señor sin la cruz. Quien rehúye el sacrificio se aleja de la santidad. El Señor mismo nos dice que *"él que no toma su cruz y me sigue, no puede ser mi discípulo"*. Es así de sencillo: tomar la cruz, aceptar los dolores y las desilusiones que Dios permite para nuestra purificación y asumir como necesarios los sacrificios que todos tenemos que hacer si queremos seguir llamándonos seguidores de Cristo. Si rehusamos hacer esto, no podemos llamarnos discípulos de Cristo.

El Papa Pablo VI se preguntaba: "¿Que sería un evangelio, un cristianismo sin cruz, sin dolor, sin el sacrificio...?) Y dando respuesta a su propia pregunta dijo: "Sería un evangelio, un cristianismo sin redención, sin salvación.... El Señor nos ha salvado con la cruz. Con su muerte nos ha vuelto a dar la esperanza, el derecho a la vida...". (Pablo VI, Alocución, 24/3/1967) Y es que un cristianismo sin la cruz es un cristianismo desvirtuado. Como el café descafeinado que no sirve para mantenernos despiertos, nuestra fe, sin el sacrificio de la cruz, difícilmente salva pues según las mismas palabras de Jesucristo, el mundo no puede salvarse sino con su cruz.

Para algunas personas, hablar del sacrificio cristiano que nos pide el Señor les parece una estupidez, algo de otra época, que no va bien con los adelantos y el nivel de comodidad que hemos alcanzado en esta cultura. La penitencia es un signo de contradicción para aquellos que viven olvidados de Dios, los que pasan semanas, meses y hasta años sin entrar en una Iglesia. Por desgracia, las personas que viven así están en peligro de perder el sentido sobrenatural de la vida. Son presas fáciles para los engaños del demonio. Se resisten entender que a Cristo solo le podemos seguir a través de una vida de sacrificio, cerca de la cruz.

Hay otras personas que viven una vida de pecado casi continua en pequeñas cosas. Algunas son impacientes o poco caritativas en sus pensamientos, juicios y palabras. Otras son falsas en su conversación y sus actitudes o lentas en su piedad. Otras rehúsan perdonar al prójimo. En realidad, no aprecian la gravedad de su situación espiritual. A veces estas personas hasta conocen sus defectos y los acusan en la confesión pero no se arrepienten con sinceridad de ellos ya que no emplean los medios con que podrían prevenirlos en el futuro. No tratan de enmendar sus vidas porque consideran que sus pecados "solo son veniales." No creen que sea necesario hacer penitencia por pecados tan pequeños. Lo que no entienden es que cada pecado es como un peso de plomo que arrastra hacia abajo. No se dan cuenta que al no dar importancia a los pecados veniales resisten la gracia del Sacramento de la Penitencia y, hasta se podía decir, abusan de ella.

A falta de sacrificios y penitencias que fortalecen la vida espiritual, el alma pierde el esplendor de su belleza y se va retirando, poco a poco, de Dios. Pierde sus puntos de contacto con el Dios que la ha creado; con el Dios que la quiere tanto. En Dios ya no ve al padre amoroso y amado a quien se entregaba con amor y ternura filial. Y cómo en un matrimonio que va rumbo al fracaso, de repente nota el alma que algo se ha interpuesto entre ellos. Encuentra que ha iniciando, por su propia cuenta, el camino hacia la tibieza. La tibieza y la promesa del camino fácil son las armas más peligrosas que posee Satanás.

Que la Virgen María, refugio de los pecadores, nos ayude a tener una conciencia delicada para amar a su Hijo, Jesucristo, y a todos los hermanos y hermanas en la fe. Que nos ayude a ser honestos con nosotros mismos y sinceros en la confesión, a reconocer nuestros pecados y a saber arrepentirnos de ellos con prontitud.

Third Sunday of Lent
Cycle C Book 3
Readings: (R1) Exodus 3:1-8a, 13-15 (R2) 1 Corinthians 10:1-6, 10-12 (Gos) Luke 13:1-9

To be a disciple of the Lord, one must follow his counsel: *"Whoever wants to be my disciple must deny themselves and take up their cross and follow me."* (Matthew 16, 24) These words of Jesus have validity in all times, since they were directed to the entire human race. It is not possible to follow the Lord without the cross. Those who shun sacrifice distance themselves from holiness. The Lord himself tells us that *"And whoever does not carry their cross and follow me cannot be my disciple."* (Luke 14:27) It's that simple: take up the cross, accept the pains and disappointments that God allows for our purification and assume as necessary the sacrifices that we all have to make if we want to continue calling ourselves followers of Christ. If we refuse to do so, we call ourselves disciples of Christ.

Pope Paul VI asked himself: "What would a gospel be, Christianity without a cross, without pain, without sacrifice ...?) And answering his own question, he said: "It would be a gospel, Christianity without redemption, without salvation .... The Lord has saved us with the cross. With his death he has given us hope, the right to life ..." (Paul VI, Address, 3/24/1967) A Christianity without the cross is a distorted Christianity. Like decaffeinated coffee that does not serve to keep us awake, our faith, without the sacrifice of the cross, can hardly save us because according to the words of Jesus Christ himself the world cannot be saved except through his cross.

For some people, talking about the Christian sacrifice that the Lord asks of us is stupid, something from another era, which does not go well with the advances and the level of comfort that we have reached in this culture. Penance is a sign of contradiction for those who live oblivious of God, those who spend weeks, months and even years without entering a Church. Unfortunately, people who live like this are in danger of losing the supernatural meaning of life. They are easy prey for the devil's deceptions. They refuse to understand that we can only follow Christ through a life of sacrifice, near the cross.

There are other people who live an almost continuous life of sin in little things. Some are impatient or uncharitable in their thoughts, judgments, and words. Others are false in their conversation and their attitudes or slow to practice piety. Others refuse to be forgiving. They do not really appreciate the seriousness of their spiritual situation. Sometimes of these people know their shortcomings and mention them in confession but do not sincerely regret them since they do not use any means to prevent them in the future. They do not try to make amends for their lives because they consider that their sins are "only venial." They do not believe that it is necessary to do penance for such small sins. What they don't understand is that every sin is like a weight of lead dragging the soul down. They do not realize that by not giving importance to venial sins, they work against the grace of the Sacrament of Penance and, it could even be said, they disregard it.

It is in the absence of sacrifices and penances that strengthen the spiritual life that the soul loses the splendor of its beauty and withdraws, little by little, from God. It loses its points of contact with the God who created it; with the God who loves it so much. It no longer sees God as the loving and beloved Father to whom it gave itself with love and filial tenderness. And like in a marriage that is headed for failure, the soul suddenly notices that something has come between them. It finds that it has started, on its own account, to go down the path to lukewarmness. Lukewarmness and the promise of an easy and smooth road are the most dangerous weapons Satan possesses.

May the Virgin Mary, Refuge of Sinners, help us to have a Sensitive conscience when it comes to loving her Son, Jesus Christ, and all our brothers and sisters in the faith May it help us to be honest with ourselves and sincere in confession, to recognize our sins and to know how to repent of them promptly.

Cuarto Domingo de Cuaresma

Ciclo C Tomo 3
Lecturas: (L1) Josué 5, 9a. 10-12 (L2) 2 Corintios 5, 17-21 (Ev) Lucas 15, 1-3. 11-32

Celebramos el cuarto domingo de Cuaresma. La temporada de Cuaresma son cuarenta días de ayuno, abstinencia y penitencia. Es una temporada más estricta en este sentido que el resto del año. Pero precisamente esa severidad que encarna la Cuaresma se interrumpe hoy cuando la Iglesia celebra el domingo de "Laetare". Esta es una palabra en latín quiere decir "Regocíjate". Y es la primera palabra de la Antífona de Entrada de la Santa Misa que estamos celebrando.

Este domingo es más alegre que los otros domingos de Cuaresma, ya que estamos a mitad de camino en nuestra peregrinación al Domingo de Pascua. Pero en realidad, el gozo nunca debe faltar a un buen cristiano, incluso cuando está ayunando y haciendo penitencia. "El gozo de Nuestro Señor sea nuestra fuerza. Puedes irte en paz. "Es una de las frases que se puede utilizar al despedir a la gente al final de la Misa. Es una frase que recoge y subraya el verdadero significado de nuestra fe. El gozo de reconocernos como fieles seguidores del Señor y de reconocer que el Señor nos pide que seamos alegres, debe fortalecernos a lo largo de la semana, debe darnos la fuerza que necesitamos para llevar las cruces que surgen durante la vida diaria.

Hoy, como ya les he dicho, la Iglesia celebra la alegría de reconocer que hemos llegado al inicio de las últimas semanas de Cuaresma. Para celebrar este evento, la Iglesia permite que se coloquen flores en el altar, lo que no está permitido en otros días de Cuaresma. El sacerdote y el diácono pueden vestirse de rosa, un color más alegre que el violeta, que es el color habitual de Cuaresma. De esta manera hacemos lo que el Señor siempre nos pide, que aunque estemos en días de mortificación no nos dejemos llevar por la tristeza. La alegría debe predominar en todo cristiano.

En el evangelio, Jesús nos cuenta la parábola del hijo pródigo. En él el Señor quiere decirnos que todo pecador que pide perdón, que muestra su remordimiento y que vuelve a la casa del Padre, será escuchado y acogido. Aunque tu alma sea púrpura, se volverá blanca como la nieve. El gozo del Señor será inmenso porque el hijo pródigo ha regresado al hogar paterno. La Iglesia nos exhorta constantemente a no dejar pasar mucho tiempo sin confesarnos. Ella nos dice que debemos imitar al Hijo Pródigo, reconciliado con nuestro Padre Dios en cuanto veamos el error que cometemos cuando nos apartamos de ella. Todos hemos pecado. Algunos pronto se arrepienten de sus pecados. Otros, en cambio, tardan más. El problema puede ser que no ven la seriedad de vivir en pecado. Tampoco ven que esto los aleja aún más de Dios. Aprovechemos el tiempo de Cuaresma y busquemos al Señor con humildad, hagamos penitencia y confesemos nuestros pecados.

Un buen cristiano comprende que debe recorrer el mundo mostrando la luz que ha recibido en los sacramentos, hasta tal punto que en él se pueda ver muchas veces la imagen de Cristo. En tal cristiano vemos la alegría que proviene de un corazón limpio, de una persona que no teme a la luz de Jesucristo, que trata de hacer que esa luz que ha recibido se traduzca en obras porque ama a Dios.

La Cuaresma es un tiempo que nos pide austeridad pero también nos pide autenticidad. Ya sabemos que a menudo tenemos que sacrificarnos para no cambiar el amor de Dios por el amor a las cosas mundanas como el placer, el éxito o el poder. En estos días de Cuaresma nos enfrentamos a un dilema. Tenemos que decidir elegir entre la luz o la oscuridad, entre el bien o el mal, entre amar a Dios o amar las cosas del mundo que nos separan del verdadero camino. Si elegimos bien, si decidimos seguir a Dios sacrificando cosas banales, notaremos que salimos ganando, porque esas cosas nos separan de Dios y nos perjudican. No hay duda de que al orientar nuestra vida hacia el bien seremos mejores personas. E incluso puede ser que, al mostrar con nuestras obras que vivimos una vida feliz y limpia, completamente dedicados a hacer el bien, algún día mejoraremos a nuestras familias e incluso a nuestra comunidad.

Fourth Sunday of Lent

Cycle C Book 3

Readings: (R1) Joshua 5:9a.10-12 (R2) 2 Corinthians 5:17-21 (Gos) Luke 15:1-3.11-32

We are celebrating the Fourth Sunday of Lent. The Lenten season is forty days of fasting, abstinence, and penance. It is a stricter time in this regard than the rest of the year. But precisely that severity that Lent embodies is interrupted today as the Church celebrates on "Laetare" Sunday. This is a Latin word that means, "Rejoice." And it is the first word of the Entrance Antiphon of the Holy Mass that we are celebrating.

This Sunday is more joyous than the other Sundays in Lent as we are halfway on our pilgrimage to Easter Sunday. But in reality, joy should never be lacking in a good Christian, even when he is fasting and doing penance. "The joy of Our Lord be our strength. You can go in peace. "It is one of the phrases that can be used when dismissing the people at the end of Mass. It is a phrase that collects and underlines the true meaning of our faith. The joy of recognizing ourselves as faithful followers of the Lord and of recognizing that the Lord asks us to be joyful, should strengthen us throughout the week, should give us the strength we need to carry the crosses that arise during daily life.

Today, as I have already told you, the Church celebrates the joy of recognizing that we have reached the beginning of the last weeks of Lent. To celebrate this event, the Church allows flowers to be placed on the altar, which is not allowed on other Lenten days. The priest and deacon can dress in pink, a color that is more cheerful than the color violet, which is the normal color for Lent. In this way we do what the Lord always asks of us, that although we are in days of mortification we do not allow ourselves to be carried away by sadness. Joy must predominate in every Christian.

In the Gospel, Jesus tells us the Parable of the Prodigal Son. In it the Lord wants to tell us that every sinner who asks for forgiveness, who shows his remorse and who returns to the Father's house, will be listened to and welcomed. Even though your soul is purple, it will turn white like snow. The joy of the Lord will be immense because the prodigal son has returned to the paternal home. The Church constantly exhorts us not to let too long go by without going to confession. She tells us that we must imitate the Prodigal Son, reconciled to our Father God as soon as we see the mistake we have made when we left her side. We have all sinned. Some soon repent of their sins. Others, on the other hand, take longer. The problem may be that they do not see the seriousness of living in sin. Nor do they see that this distances them even further from God. Let us take advantage of the season of Lent and seek the Lord with humility, do penance and confess our sins.

A good Christian understands that he must go through the world showing the light he has received in the sacraments, to such an extent that in him or her, the image of Christ can be seen many times. In such a Christian we see the joy that comes from a clean heart, from a person who does not fear the light of Jesus Christ, who tries to make that light that he has received be translated into works because he loves God.

Lent is a time that asks us for austerity but it also asks us for authenticity. We already know that often, we have to sacrifice not to change the love of God for the love of worldly things like pleasure, success, or power. In these days of Lent we are faced with a dilemma. We have to decide to choose between light or darkness, between good or evil, between loving God or loving the things of the world that separate us from the true path. If we choose well, if we decide to follow God by sacrificing banal things, we will notice that we come out winning, because those things separate us from God and harm us. There is no doubt that by directing our lives towards the good we will be better people. And it may even be that, by showing by our works that we live a happy and clean life, completely dedicated to doing good, we will one day improve our families and even our community.

Quinto Domingo de Cuaresma

Ciclo C Tomo 3
Lecturas: (L1) Isaías 43, 16-21 (L2) Filipenses 3, 8-14 (Ev) Juan 8, 1-11

Hoy vamos a meditar sobre una de las ocurrencias más bellas del Nuevo Testamento. En ella encontramos la enorme diferencia que existe entre la misericordia infinita de Dios y la dureza intolerante del ser humano frente al pecador. Todos tenemos una tendencia innata de perdonarnos a nosotros mismos lo que no perdonamos a los demás. Lo que se llama la ley del embudo: "lo ancho para mí y lo estrecho para ti". Las dos palabras que nos cuestan más decir son: "Me equivoqué". Nadie quiere reconocer sus errores; siempre queremos justificar nuestras culpas. Tal vez alguna vez admitamos de una manera muy general que "todos nos equivocamos". Pero cuando tenemos que admitir nuestros propios errores entonces no damos el brazo a torcer. Nuestro orgullo nos impide reconocer nuestras faltas y al mismo tiempo somos terriblemente implacables al culpar al prójimo de ser pecador. ¿Por qué somos así?

En nuestro evangelio hoy vemos cómo Nuestro Señor era el único que no había condenado a la mujer sorprendida en adulterio. Se quedó solo, frente a ella, cuando se habían ido los que la habían traído a Él. Entonces Jesús nos muestra que la misericordia con el pecador no es aceptar el pecado. Cuando se habían marchado todos los acusadores de la mujer, El Señor le preguntó a ella: "Mujer, ¿dónde están tus acusadores?" Aunque mostró su misericordia hacia la mujer, Jesús no la condena a ella sino al pecado que ha cometido. Y la despidió diciendo: "Yo tampoco te condeno. Vete y no vuelvas a pecar en adelante". No tiene que decirle nada a esta mujer sobre los pecados que había cometido contra la fidelidad conyugal. Ella ya sabía que lo que había hecho era pecado. No era necesario reñirla. Sencillamente la despidió diciendo: "no vuelvas a pecar en adelante". Sin duda, aquellas pocas palabras y sobre todo, la actitud de Cristo, fueron más eficaces que el más elocuente de todos los sermones.

Que felices seríamos nosotros si hoy decidiéramos imitar a Cristo tratando de comprender, perdonar, y tender la mano para ayudar al pecador arrepentido. Esto no significa admitir como bueno lo que es malo. El pecado será siempre pecado y por lo tanto inaceptable para el cristiano. Debemos ser, cómo dice el Papa Benedicto XVI, *"...intransigentes con el pecado — ¡comenzando por el nuestro!— e indulgentes con las personas"*. (Papa Benedicto XVI, Ángelus, 21/3/2010). Aprendamos a ser tolerantes y a perdonar los defectos del prójimo cómo Dios nos perdona a nosotros - sin criticar o juzgar. Al fin y al cabo al morir Dios no nos preguntará lo que hizo o dejó de hacer nuestro vecino. Nosotros seremos juzgados por nuestras propias acciones.

Hay un proverbio que reza: *"Si no puedes hablar bien de alguien, mejor calla"*. El silencio caritativo es preferible a la crítica justificada. San Agustín no permitía que nadie se sentara a su mesa si venía solo para hablar mal de otra persona. San Pablo dice que no es en hablar en lenguas o hacer curaciones donde mostramos que somos seguidores de Cristo, sino en el ejercicio del amor mutuo, la caridad, el perdón, y la compasión. (1 Corintios 13, 1-3) Debemos recordar siempre que, como cristianos, perdonamos porque antes hemos sido perdonados de muchas faltas. Al escuchar el evangelio de hoy, no debemos situarnos en el papel de Cristo que perdona, sino más bien pensemos que todos somos como la mujer pecadora. Necesitamos el perdón y la ayuda del Señor y de los demás. Una forma común de soberbia es creernos mejores que los demás, menospreciando a los otros por ser pecadores ellos. La parábola del Fariseo y el Publicano nos muestra lo que cree Jesucristo de las personas que actúan así. (Lucas 18:9-14)

Que hoy salgamos de esta Santa Misa dispuestos a imitar la misericordia de Cristo. Así contribuiremos a construir una comunidad en la cual el pecador no se sienta rechazado, sino recibido como miembro de una familia que acoge a todos aquellos que, a pesar de sus pecados, no han perdido la esperanza de llegar a ser santos.

Fifth Sunday of Lent

Cycle C Book 3
Readings: (R1) Isaiah 43:16-21 (R2) Philippians 3:8-14 (Gos) John 8:1-11

Today we are going to meditate on one of the most beautiful occurrences in the New Testament. In it we find the enormous difference that exists between the infinite mercy of God and the intolerant hardness of the human being in front of the sinner. We all have an innate tendency to forgive ourselves what we do not forgive others. What is called the law of the funnel: "the wide for me and the narrow for you." The two most difficult words for us to say are: "I was wrong." Nobody wants to admit their mistakes; we always want to justify our faults. Perhaps sometime we will admit in a very general way that "we are all wrong." But when we have to admit our own mistakes then we do not give the arm to twist. Our pride prevents us from acknowledging our faults and at the same time we are terribly implacable in blaming others for being a sinner. Why are we like this?

In our gospel today we see how Our Lord was the only one who had not condemned the woman caught in adultery. She was left alone, in front of her, when those who had brought her to Him had gone. Then Jesus shows us that mercy with the sinner is not accepting sin. When all the accusers of the woman had left, the Lord asked her: "Woman, where are your accusers?" Although he showed his mercy towards the woman, Jesus does not condemn her but the sin she has committed. And he dismissed her saying: "I don't condemn you either. Go away and do not sin again from now on." You don't have to tell this woman anything about the sins you had committed against marital fidelity. She already knew that what she had done was sin. There was no need to scold her. He simply dismissed her saying: "Do not sin again from now on." Undoubtedly, those few words and above all, the attitude of Christ, were more effective than the most eloquent of all sermons.

How happy we would be if today we decided to imitate Christ trying to understand, forgive, and reach out to help the repentant sinner. This does not mean admitting what is bad as good. Sin will always be sin and therefore unacceptable to the Christian. We must be, as Pope Benedict XVI says, *"...intransigent with sin - starting with our own! - and indulgent with people."* (Pope Benedict XVI, Angelus, 3/21/2010). Let us learn to be tolerant and to forgive the defects of our neighbor as God forgives us - without criticizing or judging. After all, when we die, God will not ask us what our neighbor did or did not do. We will be judged by our own actions.

There is a proverb that says: *"If you can't speak well of someone, it is better to be quiet."* Charitable silence is preferable to justified criticism. Saint Augustine would not allow anyone to sit at his table if he came only to speak ill of another person. Saint Paul says that it is not in speaking in tongues or doing healings where we show that we are followers of Christ, but in the exercise of mutual love, charity, forgiveness, and compassion. (1 Corinthians 13, 1-3) We must always remember that, as Christians, we forgive because before we have been forgiven of many faults. As we listen to today's Gospel, we should not place ourselves in the role of Christ who forgives, but rather think that we are all like the sinful woman. We need forgiveness and help from the Lord and from others. A common form of pride is to believe that we are better than others, belittling others for being sinners. The parable of the Pharisee and the Publican shows us what Jesus Christ believes of people who act like this. (Luke 18: 9-14)

May we leave this Holy Mass today ready to imitate the mercy of Christ. In this way we will contribute to building a community in which the sinner does not feel rejected, but rather received as a member of a family that welcomes all those who, despite their sins, have not lost hope of becoming saints

Domingo de Ramos en la Pasión del Señor
Ciclo C Tomo 3
Lecturas: (Ev1) Lucas 19, 28-40 (L1) Isaías 50, 4-7 (L2) Filipenses 2, 6-11 (Ev2) Lucas 22, 14-23, 56

El Evangelio nos relata que Jesús y sus discípulos se dirigían hacia Jerusalén pasando por Betfagé y Betania, pueblos cercanos al Monte de los Olivos. Eran días anteriores a la Pascua y de camino encontraron a mucha gente que habían llegado de los alrededores. Jesús les dijo a dos de sus discípulos que fueran a la aldea que estaba enfrente a recoger un borrico. Cuando lo trajeron, se montó en él y siguieron camino a la ciudad de David. Era costumbre en aquellos tiempos que los ciudadanos de Jerusalén saliesen de la ciudad al encuentro de los grupos de peregrinos. Se agolpaban para formar parte con ellos y entrar juntos en la ciudad. De camino los que acompañaban a Jesús cortaron ramas de los árboles y agitándolas vitoreaban al Señor.

La entrada de Nuestro Señor en la Ciudad de David es, en realidad, el comienzo de la Pasión, el desconsuelo, que tendrá que pasar en los días venideros. Al entrar en la ciudad fue aclamado con vítores. El pueblo gritaba *"Hosanna"* y, a la vez, agitaba ramas cantando *"¡Bendito el que viene en nombre del Señor!"* Esto molestó a algunos Fariseos. Les desagradaba ver cómo la gente alababa y honraba al Señor. Le dijeron a Jesús, *"Maestro reprende a tus discípulos"*. Él replicó, *"Si estos callaran, gritarían las piedras"*. Claramente nos muestra este Evangelio que cuando el Señor quiere que pase algo, nadie lo puede cambiar. La alegría del pueblo al acompañar a Jesús era evidente. Pero quizás el Señor contestó a los Fariseos con un poco de tristeza en su voz. La misma muchedumbre que le acogió con celebración y con vítores durante su entrada triunfal a Jerusalén, pocos días después, lo rechazarían, y con gritos de *"¡Crucifícalo!"* saldrían al Monte llamado Calvario para celebrar su ejecución.

Este domingo nuestras lecturas nos llevan de la dulce alegría a la amarga tristeza. Es un contraste que nos invita a meditar, preparándonos para la Semana Santa en la que conmemoraremos el camino del Señor que comienza hoy con su entrada triunfal en Jerusalén entre cantos y celebraciones y culmina el Viernes Santo entre burlas y maldiciones mientras muere en la Cruz.

En estos días de Semana Santa, si no lo hemos hecho durante los días anteriores de Cuaresma, debemos meditar sobre nuestras vidas. Seguir a Cristo no es fácil. Tenemos que decidir si le vamos a acompañarle durante la amargura de su traición, su pasión y su muerte o si solamente nos apetece verle triunfante el Domingo de Resurrección. Si decidimos seguirle, debería ser en lo bueno y en lo malo, aceptando tanto los días de sufrimiento y tristeza como los días de alegría. No podemos hacer lo que hizo parte de la muchedumbre que entró con el Señor en Jerusalén vitoreándole y, poco después, traicionándole y hasta celebrando su muerte. Tampoco podemos saltarnos el hecho de que murió por nuestros pecados. Su sufrimiento y muerte fueron causadas porque decidimos volverle la espalda y pecar. Seamos sinceros en nuestro amor hacia Él.

Nuestra vida, como la del Señor, es una mezcla de triunfos y derrotas. El éxito es lo que todo el mundo desea. Pero, aunque busquemos siempre la alegría de triunfar en este mundo, El Señor sabe que en nuestras vidas no siempre somos vencedores. A veces, nos sentimos más bien derrotados. Por eso nos dice Jesús que debemos renunciar el afán de gloria en esta vida y aprender a llevar la cruz como la llevó Él. Nos recuerda que además de sentir el dolor que siempre trae la vida tenemos la esperanza de estar con Él en el cielo. Nuestra fe nos da esa esperanza, simbolizada por las palmas que luego llevaremos a nuestros hogares.

Sabemos que estamos llegando al final de la Cuaresma. Eso significa que ya es hora de acompañar a Jesús a Jerusalén compartiendo su sufrimiento para después celebrar con Él su Resurrección. La confesión de nuestros pecados, la oración, la limosna y el ayuno son los medios que hemos usado durante la Cuaresma para ayudarnos a penetrar más clara y profundamente en la Pasión y Muerte de Nuestro Señor. Aún hay tiempo para purificarnos a través de la penitencia, para prepararnos a celebrar dignamente la triunfante Resurrección de Nuestro Señor, Jesucristo, el Domingo de Pascua.

Palm Sunday of the Lord's Passion
Cycle C Book 3

e Gospel tells us that Jesus and his disciples were heading towards Jerusalem through Bethphage and Bethany, towns that are near the Mount of Olives. It was days before Easter and on the way they met many people who had come from the surrounding area. Jesus told two of his disciples to go to the village opposite where they would acquire a donkey. When they brought the donkey, Jesus got on it and they continued on their way to the City of David. It was customary in those days for the citizens of Jerusalem to go out of the city to meet the groups of pilgrims. They flocked to join them and enter the city together. On the way those with Jesus cut branches from trees and waving them they cheered the Lord.

The entry of Our Lord into the City of David is, in reality, the beginning of the Passion, the grief, which he will have to pass in the coming days. Upon entering the city he was hailed with cheering. The people shouted *"Hosanna"* and, at the same time, they waved branches singing *"Blessed is he who comes in the name of the Lord!"* This upset some Pharisees. They disliked seeing how people praised and honored the Lord. They said to Jesus, *"Master, rebuke your disciples."* He replied, *"If they were silent, the stones would cry out."* This Gospel clearly shows us that when the Lord wants something to happen, no one can change it. The joy of the people in accompanying Jesus was evident. But perhaps the Lord answered the Pharisees with a little sadness in his voice. The same crowd that welcomed him with celebration and cheers during his triumphal entry into Jerusalem, a few days later, would reject him, and would shout *"Crucify him!"* They would go out to the Mount Calvary to celebrate his execution.

This Sunday our readings take us from sweet joy to bitter sadness. It is a contrast that invites us to meditate, preparing ourselves for Holy Week in which we will commemorate the path of the Lord that begins today with his triumphal entry into Jerusalem amid songs and celebrations and culminates on Good Friday amid ridicule and curses as he dies on the Cross.

During these days of Holy Week, if we have not done so during the previous days of Lent, we should meditate on our lives. Following Christ is not easy. We have to decide if we are going to accompany him during the bitterness of his betrayal, his passion and his death or if we just want to see him triumphant on Easter Sunday. If we decide to follow him, it should be through the bad and the good, accepting both the days of suffering and sadness and the days of joy. We cannot do what part of the crowd that entered Jerusalem with the Lord did, cheering him and, shortly after, betraying him and even celebrating his death. Nor can we skip the fact that he died for our sins. His suffering and death were caused because we decided to turn our backs on him and sin. Let's be sincere in our love for Him.

Our life, like the Lord's, is a mixture of triumphs and defeats. Success is what everyone wants. But, although we always seek the joy of succeeding in this world, the Lord knows that in our lives we are not always victors. Sometimes we feel defeated. That is why Jesus tells us that we must renounce the desire for glory in this life and learn to carry the cross as He did. He reminds us that in addition to feeling the pain that life always brings, we have the hope of being with Him in heaven. Our faith gives us that hope, symbolized by the palms that we will later take home.

Sisters and brothers, we know that we are nearing the end of Lent. This means that it is time to accompany Jesus to Jerusalem share his suffering and then celebrate his Resurrection with him. Confession of our sins, prayer, almsgiving, and fasting are the means we have used during Lent to help us concentrate more clearly and deeply into the Passion and Death of Our Lord. There is still time to purify ourselves through penance, to prepare ourselves to worthily celebrate the triumphant Resurrection of Our Lord, Jesus Christ, on Easter Sunday.

Domingo de Resurrección
Ciclo C Tomo 3

¡Cristo ha resucitado de entre los muertos! ¡Aleluya!

La palabra "aleluya" significa "alabado sea Dios". Felices los que le siguen y le alaban.

Ningún otro evento ha sido reconocido y registrado en la historia del mundo comparable al que tuvo lugar ese domingo por la mañana cuando las mujeres descubrieron que la tumba de Nuestro Señor estaba vacía. Sin embargo, todavía hay muchas personas en este mundo en el que vivimos que no creen que haya resucitado de entre los muertos. La gloriosa resurrección de nuestro Señor y Salvador, Jesucristo, solo puede ser reconocida por la fe. Cuando nuestro Señor resucitó de entre los muertos, mostró su poder sobre la muerte. Su muerte fue el rescate que pagó por nuestras almas. Cristo redimió al género humano y dio perfecta gloria a Dios principalmente a través de su misterio pascual: muriendo destruyó la muerte y resucitando restauró la vida. Al dar su vida y resucitar de los muertos, mostró que es el Rey de la vida y la muerte. Aniquiló el poder del Enemigo sobre nosotros e inauguró una nueva etapa en la historia salvífica de la humanidad. Es un nuevo capítulo en la historia del amor de Dios por nosotros. Ahora solo nos queda a los cristianos esperar ansiosamente el regreso en gloria de Nuestro Señor Jesucristo. Este deseo lo repetimos en todas las misas: *"Anunciamos tu muerte, proclamamos tu resurrección. ¡Ven, Señor Jesús!"*.

Los apóstoles, Pedro y Juan, avisados por las mujeres que fueron las primeras en descubrir este gran acontecimiento, llegaron corriendo, casi sin aliento, al sepulcro vacío de Jesús. A través de este relato, San Marcos enfatiza lo que lleva diciéndonos a través de las palabras de su Evangelio: no debemos temer, el Señor está con nosotros. Aquellos discípulos que vieron el sepulcro vacío pasaron del más angustioso momento de tristeza y miedo al más excitable gozo. ¡Jesús ya no estaba allí! ¡Había resucitado!

Los cristianos debemos saber que la Resurrección de Cristo no es solamente un hecho histórico. Hace casi dos mil años que este hecho, tan importante en la vida de todos los cristianos, ocurrió. Los seguidores de Cristo debemos ver en la Resurrección el misterio de la redención del género humano y nuestra propia redención. Jesucristo vive hoy, y cada día, con nosotros. Su Resurrección cambió radicalmente la historia de la humanidad. Cambió todo el sentido de la fe y la religiosidad del pueblo de Dios. La Resurrección gloriosa y triunfante de Cristo no solo constituye la confirmación de todo lo que había hecho y enseñado Nuestro Señor durante su vida terrenal sino que confirma definitivamente su autoridad y proveniencia divina y su poder absoluto sobre la muerte y la vida. Prometió que resucitaría de la muerte. Y cumplió con su promesa.

A nivel personal, hoy, los cristianos tenemos un gran motivo para alegrarnos. Esta triunfante Resurrección de Nuestro Señor nos muestra dos aspectos del Misterio Pascual que son primordiales para nuestra vida personal. El Pregón Pascual nos ha dicho que por su Resurrección el Señor nos ha salvado de la oscuridad del pecado y nos ha dado la oportunidad de compartir plenamente el amor de Dios, la gracia del Espíritu Santo. Ya sabemos que algunos cristianos pretenden justificar a ellos mismos, y a los demás, su vida de pecado. Mal entienden el concepto de la sobreabundancia de la gracia y la misericordia de Dios y dicen, "Dios perdona todo". Y pecan vez tras vez, tan tranquilos, sin tener en cuenta que, aunque es verdad que Dios es infinitamente misericordioso, lo es cuando, después de haber pecado, nos humillamos, cuando pedimos perdón arrepintiéndonos, haciendo el firme propósito de tratar de no volver a caer en pecado en el futuro.

Celebremos con alegría la Resurrección de Nuestro Señor. A través de este gran acontecimiento, Nuestro Señor nos llama a transformarnos, a seguir intentando cada día superarnos, a ser constantes en nuestro compromiso a ser tan fieles a Dios como lo es Dios a nosotros.

¡Cristo ha resucitado! ¡Aleluya!

Easter Sunday

Cycle C Book 3

This homily may be used for any of the Easter Masses.

Christ has risen from the dead! Alleluia!

The word, "Alleluia," means "praise God." Happy are those who follow and praise him.

No other event has been recognized and recorded in the history of the world comparable to the one that took place that Sunday morning when the women discovered that the tomb of Our Lord was empty. However, there are still many people in this world in which we live who do not believe that He has risen from the dead. The glorious resurrection of our Lord and Savior, Jesus Christ, can only be recognized by faith. When our Lord rose from the dead, He showed His power over death. His death was the ransom he paid for our souls. Christ redeemed the human race and gave perfect glory to God mainly through his paschal mystery: by dying he destroyed our death and by rising he restored our life. By giving his life rising from the dead, he proved that he is the King of life and death. It annihilated the power of the Enemy over us and inaugurated a new stage in the saving history of humanity. It is a new chapter in the story of God's love for us. Now it remains for us Christians to eagerly await the return in glory of Our Lord Jesus Christ. We repeat this wish at all Masses: *"We proclaim your Death, O Lord, and profess your Resurrection, until you come again."*

The apostles, Peter and John, informed by the women who were the first to discover this great event, came running, almost out of breath, to the empty tomb of Jesus. Throughout this story, Saint Mark emphasizes what he has been telling us through the words of his Gospel: we must not fear, the Lord is with us. Those disciples who saw the empty tomb went from the most agonizing moment of sadness and fear to the most exhilarating joy. Jesus was no longer there! He had risen!

Christians should realize that the Resurrection of Christ is not only a historical fact. It has been almost two thousand years since this event, so important in the lives of all Christians, occurred. The followers of Christ must see in the Resurrection the mystery of the redemption of the human race and our own redemption. Jesus Christ lives today, and every day, with us. His Resurrection radically changed the history of humanity. It changed the whole sense of faith and piety of the people of God. The glorious and triumphant Resurrection of Christ not only constitutes the confirmation of all that Our Lord had done and taught during his earthly life, but it definitively confirms his divine authority, provenance and his absolute power over death and life. He had promised he would rise from the dead. And he kept his promise.

On a personal level, today, Christians have great reason to rejoice. This triumphant Resurrection of Our Lord shows us two aspects of the Paschal Mystery that are essential for our personal life. The Easter Proclamation told us that by his Resurrection the Lord has saved us from the darkness of sin and has given us the opportunity to fully share the love of God, the grace of the Holy Spirit. We already know that some Christians try to justify themselves, and to others, their life of sin. They misunderstand the concept of the superabundance of God's grace and mercy and they say, "God forgives everything." And they sin again and again, calmly and without taking into account that, although it is true that God is infinitely merciful, this so when, after having sinned, we humble ourselves, when we ask for forgiveness with true repentance, when we make the firm intention of trying not to fall into sin again in the future.

Let us celebrate with joy the Resurrection of Our Lord. Through this great event, Our Lord calls us to transform ourselves, to continue trying every day to improve ourselves, to be constant in our commitment to be as faithful to God as God is to us.

Christ has risen! Alleluia!

Segundo Domingo De Pascua

Ciclo C Tomo 3
Lecturas: (L1) Hechos 5, 12-16 (L2) Apocalipsis 1, 9-11a. 12-13. 17-19 (Ev) Juan 20, 19-31

El Evangelio nos cuenta cómo Jesús se apareció a sus apóstoles dos domingos consecutivos después de su muerte y resurrección. Nos muestra el gran amor y misericordia que el Señor tiene por todos nosotros.

El primer Domingo de Pascua, los apóstoles se encontraban orando con las puertas cerradas porque tenían miedo a las represalias de las autoridades. Y es natural. Si las autoridades habían matado al Maestro también podían matarlos a ellos porque eran sus seguidores. En la primera aparición, se presentó el Señor inesperadamente. Y, dirigiéndose a los allí reunidos, les dijo, *"La paz esté con ustedes"*. Claramente demuestra el Señor, incluso a los que no tienen fe, que para Él nada es imposible.

En esta primera aparición no estaba Tomás con los demás apóstoles. No tuvo esa gran dicha de ver al Señor ni de escuchar las maravillosas y consoladoras palabras que Jesús pronunció para animarles y darles fortaleza. Cuando los otros apóstoles le contaron a Tomás que había resucitado el Maestro, no pudo creerles. No fue porque Tomás no amaba al Señor ni tampoco porque careciera de fe. Él siempre siguió a Cristo con amor y dedicación. Pero a Tomás le afectó, quizás más que a los otros apóstoles, los acontecimientos que ocurrieron entre el Jueves Santo que fue detenido el Señor y el Viernes Santo que murió. Parece que esto fue demasiado para Tomás. El ver a su Maestro detenido, juzgado y crucificado fue terrible para él. Todas sus esperanzas y su amor murieron con Cristo en la Cruz.

Tomás siempre demostró su fidelidad al Maestro. Una de las veces que Jesús decidió ir a Betania, algunos de los apóstoles le dijeron, *"Hace poco los judíos querían matarte a pedradas, ¿y otra vez quieres ir allá? (*Juan 11,8) Fue Tomás el que les dijo a los otros apóstoles, *"Vamos también nosotros y moriremos con él."* (Juan 11, 16) Y cuando el Señor instituyó la Eucaristía en la Ultima Cena, Tomás fue el que, con su sencillez, no le importó mostrar su ignorancia. Preocupado porque pensaba que el Jesús se marchaba sin decirles a donde iba, le dijo al Señor: *"No sabemos a dónde vas como vamos a saber el camino."* (Juan 14, 5) El Día de Viernes Santo Tomás tuvo una gran decepción al ver que el Señor había muerto. Al contemplar la Crucifixión del Señor, Tomás sufrió terriblemente. Pensó que el Señor se había marchado definitivamente y que no volvería jamás. Tomás nunca olvidaría este día tan triste. Por eso cuando los otros apóstoles le dijeron, *"hemos visto al Señor"*, Tomás no pudo creerlo. Creía apasionadamente en todo lo que el Maestro predicaba durante su vida terrena. Y siguió sus mandatos con entereza. Más bien fue que al ver muerto a su Maestro, que tanto quería, se angustió y no quiso saber nada de lo que estaba ocurriendo a su alrededor. Este pudo ser el motivo por lo que no se encontraba con los otros apóstoles en la primera aparición. Pero cuando vio a su Maestro de nuevo su gran amor a Cristo surgió nuevamente en él.

En la segunda aparición, ocho días después, Tomás se encontraba con los otros apóstoles. La casa estaba cerrada, como la primera vez. Y apareció el Señor ante sus propios ojos. Se puso en medio de ellos y repitió las mismas palabras que les dijo la primera vez: *"La paz esté con ustedes"*. Dirigiéndose a Tomás le dijo, seguramente con mucho amor pero posiblemente un poco dolido, *"Aquí están mis manos; acerca tu dedo. Trae acá tu mano, métela en mi costado y no sigas dudando, sino cree"*. Es cuando Santo Tomás, lleno de amor y arrepentido por haber entristecido a quien más amaba, pronunció las maravillosas palabras que todos conocemos: *"¡Señor mío y Dios mío!"* Lo que Dios nos pide es que tengamos fe en la sobreabundancia de su misericordia Nos dice que, a pesar de haberle vuelto la espalda. A pesar de cualquier pecado que hemos cometido. Todo lo que tenemos que hacer es pedir su Divina Misericordia en el confesionario y El nos la mostrará.

Second Sunday of Easter
Cycle C Book 3
Readings: (R1) Acts 5:12-16 (L2) Revelation 1:9-11a, 12-13, 17-19 (Gos) John 20:19-31

The Gospel tells us how Jesus appeared to his apostles on two consecutive Sundays after his death and Resurrection. It shows us the great love and mercy that the Lord has for all of us.

On Easter Sunday, the apostles were praying with the doors closed because they were afraid of reprisals from the authorities. And that is natural. If the authorities had killed the Master they could also kill them because they were his followers. At that first appearance, the Lord made his presence known unexpectedly. And, addressing those gathered there, he said, *"Peace be with you."* The Lord clearly demonstrates, even to those without faith, that nothing is impossible for Him.

In this first appearance, Thomas was not with the other apostles. He did not have the great joy of seeing the Lord or hearing the wonderful and comforting words that Jesus spoke to encourage them and give them strength. When the other apostles told Thomas that the Master had risen, he could not believe them. It was not because Thomas did not love the Lord, nor was it because he lacked faith. He always followed Christ with love and dedication. But Thomas was moved, perhaps more than the other apostles, by the events that occurred between Holy Thursday when the Lord was arrested and Good Friday when he died. It seems this was too much for Thomas. Seeing his Master arrested, tried and crucified was terrible for him. All his hopes and love died with Christ on the Cross.

Thomas always demonstrated his fidelity to the Master. One of the times that Jesus decided to go to Bethany, some of the apostles told him, *"...a short while ago the Jews there tried to stone you, and yet you are going back?"* (John 11: 8) It was Thomas who said to the other apostles, *"Let us also go, that we may die with him."* (John 11:16) And when the Lord instituted the Eucharist at the Last Supper, Thomas was the one who did not mind showing his ignorance. Worried because he thought the Jesus was leaving without telling them where he was going, he said to the Lord: *"...we don't know where you are going, so how can we know the way"* (John 14, 5) On Good Friday, Thomas was greatly disappointed when he saw that the Lord had died. Contemplating the Crucifixion of the Lord, Thomas suffered terribly. He thought that the Lord had definitely left and would never return. Thomas would never forget this sad day. So when the other apostles told him, *"We have seen the Lord,"* Thomas could not believe it. He passionately believed in everything the Master preached during his earthly life. And he followed his commands with integrity. Rather, when he saw his Master, whom he loved so much, dead, he became so distressed that he did not want to know anything about what was happening around him. This could be the reason that he was not with the other apostles during the first appearance. But when he saw his Master again his great love for Christ arose anew in him.

In the second apparition, eight days later, Thomas was with the other apostles. The house was closed, like the first time. And the Lord appeared before their very eyes. He stood in their midst and repeated the same words he said the first time: "Peace be with you." Turning to Thomas, he said, surely with a lot of love but possibly a little hurt, "Here are my hands; bring your finger closer. Bring your hand here, put it in my side and don't keep doubting, but believe ". It is when Saint Thomas, full of love and repentant for having saddened the one he loved the most, spoke the wonderful words that we all know: "My Lord and my God!" What God asks of us is that we have faith in the overabundance of his mercy. He tells us that, despite having turned his back on him, despite any sin that we have committed, all we have to do is ask for His Divine Mercy in the confessional and He will show it to us.

Tercer Domingo De Pascua

Ciclo C Tomo 3
Lecturas: (L1) Hechos 5, 27-32. 40b-41 (L2) Apocalipsis 5, 11-14 (Ev) Juan 21, 1-19

La liturgia de este domingo sigue mostrándonos el espíritu de Pascua, el espíritu de Jesucristo Resucitado. El Evangelio nos dice cómo Jesús, ya resucitado, se apareció en la orilla del Lago de Tiberíades. Los apóstoles llevaban pescando toda la noche sin conseguir nada. Fue al amanecer cuando Jesús se presentó en la orilla y les dijo, *"Muchachos, ¿no tienen algo de comer?"* En principio, los apóstoles no le reconocieron. Les ordenó que echaran nuevamente la red. Estaban cansados y decepcionados, pero así y todo ellos le obedecieron y tuvieron la recompensa. Era tal la abundancia de pesca que ellos no podían sacar la red del agua sino con mucho esfuerzo. Fue entonces, por la pesca milagrosa, que los apóstoles, y el primero de ellos Juan, reconocieron al Maestro. Entonces escucharon las palabras del Señor, *«Traigan de los peces que acaban de pescar"*. Cuando llegaron a la orilla del lago vieron que el Señor les esperaba con un pescado al fuego ya que había decidido comer con ellos.

En todas las apariciones del Señor a sus apóstoles después de su Resurrección, lo que destaca más son las atenciones y el cariño que Cristo tiene con sus apóstoles. Hoy vemos como les compensó su larga noche sin pescar nada con abundancia de pesca. Sin Él, no podían hacer nada. Con Él, la pesca era enorme. Después les preparó comida y comió con ellos. Por su manera de actuar y hablar, descubrieron nuevamente a su Señor. Jesús se sentó tranquilamente a hablar con sus discípulos mientras compartían la comida juntos. Era una manera de decirles que cualquier persona que quiere descubrirle nuevamente tiene que buscarle a través de las pequeñas y sencillas cosas de la vida. Y esta es la gran lección que el evangelio nos da este domingo. Jesucristo nos invita a mirar nuestro mundo cotidiano, los acontecimientos rutinarios de nuestra vida diaria, a través de los ojos de la fe. Y, además, nos dice que no debemos temer a pesar de los problemas que nos pueden traer cada día que pasa. Él nos promete que siempre será un fiel amigo si nosotros somos fieles a Él. Siempre estará a nuestro lado.

Lo que nos pide el Evangelio de hoy es que tengamos el valor de comportarnos como lo hicieron los apóstoles. Nos dice que todos debemos seguir a Cristo cumpliendo fielmente la misión que Dios nos ha encomendado aunque a veces nos parezca dura o aburrida. Los apóstoles decidieron ir a pescar pero no pidieron ayuda al Señor y no consiguieron nada. Pero cuando apareció Cristo vino la abundancia de pesca. Esto nos enseña que sin Él todo lo que hagamos será inútil. A todos nos ha dado una vocación pero nos será difícil desempeñarla sin la ayuda del Señor.

Durante toda la historia de la salvación Dios ha mostrado que nos es fiel. Cumple sus promesas, aunque su pueblo no cumpla con lo prometido. Nos prometió mandarnos un Mesías que nos salvaría de nuestros pecados y cumplió con su promesa en la persona de su único Hijo, Jesucristo. Muchas veces, en las relaciones que tenemos entre nosotros con Dios, no mostramos el amor auténtico que Nuestro Señor nos pide. Nos cuesta ver a Jesucristo en nuestros familiares o en el hermano o la hermana que nos ha ofendido o que no supo corresponder a la confianza que le dimos. Tenemos la costumbre de probar a nuestros prójimos, e incluso a Dios mismo, exigiéndoles constantemente que nos demuestren con hechos extraordinarios que son dignos de nuestra amistad y de nuestro amor. Sin embargo, la lección que la liturgia de este domingo nos da es que a pesar de la milagrosa Resurrección de Nuestro Señor, es a través de las cosas comunes y corrientes que tenemos que descubrir a Cristo Resucitado en nuestras vidas. A la vez, debemos recordar siempre que la Resurrección de Nuestro Señor no cambia la vida cotidiana, en sí, sino que nos enseña a verla de una manera distinta, a vivirla con fe y en la fe.

Third Sunday of Easter
Cycle C Book 3
Readings: (R1) Acts 5:27-32, 40b-41 (R2) Revelation 5:11-14 (Gos) John 21:1-19

This Sunday's liturgy continues to show us the spirit of Easter, the spirit of the Risen Jesus Christ. The Gospel tells us how Jesus, already risen, appeared on the shore of Lake Tiberius. The apostles had been fishing all night without catching anything. It was at dawn that Jesus appeared on the shore and said, *"Friends haven't you any fish?"* At first, the apostles did not recognize him. He ordered them to cast the net again. They were tired and disappointed, but still they obeyed him and were rewarded. Such was the abundance of fish they had caught that they could not get the net out of the water without much effort. It was then, because of the miraculous catch, that the apostles, and the first of them John, recognized the Master. Then they heard the Lord's words, *"Bring some of the fish you just caught."* When they reached the shore of the lake, they saw that the Lord was waiting for them with a fish on the fire since he had decided to eat with them.

In all the appearances of the Lord to his apostles after his Resurrection, what stands out most are the consideration and affection that Christ showed for his apostles. Today we see how he made up for their long night without catching anything by giving them plenty of fish. Without Him, they could do nothing. With Him, the catch was enormous. Then he prepared food for them and ate with them. By his way of acting and speaking, they discovered their Lord again. Jesus quietly sat talking with his disciples as they shared food together. It was a way of telling them that anyone who wants to discover him again has to search for him through the small and simple things in life. And this is the great lesson that the gospel gives us this Sunday. Jesus Christ invites us to look at our everyday world, the routine events of our daily life, through the eyes of faith. And, in addition, He tells us that we should not fear despite the problems that each day that passes can bring us. He promises us that He will always be a faithful friend if we are faithful to Him. He will always be by our side.

What today's Gospel asks of us is that we have the courage to behave as the apostles did. It tells us that we must all follow Christ faithfully fulfilling the mission that God has entrusted to us, even if it sometimes seems hard or boring. The apostles decided to go fishing but did not ask the Lord for help and did not catch anything. But when Christ appeared, there was an abundance of fish. This teaches us that without Him everything we do will be useless. He has given us all a vocation but it will be difficult for us to accomplish it without the help of the Lord.

Throughout the history of salvation God has shown that he is faithful to us. He keeps his promises, even if his people do not keep theirs. He promised to send us a Messiah who would save us from our sins and fulfilled his promise in the person of his only Son, Jesus Christ. Many times, in our relationships with God, we do not show the authentic love that Our Lord asks of us. It is difficult for us to see Jesus Christ in our family members or in the brother or sister who has offended us or who did not know how to live up to the trust we gave him. We are in the habit of testing our neighbors, and even testing God himself, constantly demanding that they show us with extraordinary deeds that they are worthy of our friendship and our love. However, the lesson that this Sunday's liturgy gives us is that despite the miraculous Resurrection of Our Lord, it is through ordinary things that we have to discover the Risen Christ in our lives. At the same time, we must always remember that the Resurrection of Our Lord does not change daily life, in itself, but rather teaches us to see it in a different way, to live it with faith and in faith.

Cuarto Domingo De Pascua

Ciclo C Tomo 3
Lecturas: (L1) Hechos 2,14. 36-41 2)1 Pedro 2, 20-25 (Ev) Juan 10,1-10

Hemos escuchado en el Evangelio que Jesús dice, *"Mis ovejas escuchan mi voz; yo las conozco y ellas me siguen"*. Cuando escuchamos estas palabras del Señor, debemos preguntarnos: ¿Escuchamos de verdad su voz? ¿Le seguimos fielmente? Si la respuesta a estas dos preguntas es "no", debemos cambiar nuestra vida porque nos hemos desviado y ya no estamos siguiendo el camino que nos conduce hacia el Señor. El Evangelio nos promete que si escuchamos la voz del Señor, el Buen Pastor, y le seguimos, nos dará la vida eterna. Y, si somos fieles a Dios, nos promete que no pereceremos para siempre.

Nuestra Iglesia es el redil cuya puerta es Cristo. El es el Buen Pastor y nosotros, los feligreses, somos su rebaño. Pero si Jesús ascendió al cielo y ya no está físicamente presente entre nosotros, ¿cómo podemos saber lo que el Buen Pastor quiere que hagamos? Es verdad que desde los comienzos de nuestra Iglesia, la figura del Buen Pastor se identifica con Jesús. Pero, el Señor, conociendo como somos los seres humanos, sabía que después de su muerte y ascensión al cielo, el grupo pequeño de creyentes que había reunido alrededor suya no pudieran seguir unidos mucho tiempo si no había una estructura que les mantendría fieles a sus enseñanzas. Por eso, antes de ascender al Padre, el Señor escogió a Pedro para que fuera su Vicario, su representante en la tierra. Por eso decimos que ahora el pastor y guardián de almas en la tierra es el Papa, el sucesor de Pedro, que cuida las ovejas del rebaño. Es el guardián del Magisterio, el compendio de las enseñanzas de Cristo. Mantiene a la Iglesia fiel a lo que Cristo enseño cuando estaba aquí en la tierra con sus seguidores. A través de su magisterio, el Papa guía y cuida el rebaño como representante de Jesús en la tierra. Es como si fuera el pastor mayor de nuestra Iglesia. Los obispos y sacerdotes en unión con el Santo Padre son también pastores de la Iglesia que ayudan y apoyan al Papa en su tarea de mantener la Iglesia unida y fiel a Cristo.

Tengamos en cuenta que en realidad Cristo mismo es el único Buen Pastor, es el que guía a nuestros pastores y, por mediación de ellos, a nosotros. Nuestro Señor es el que escogió a los apóstoles y es el que escoge a sus sucesores. Por lo tanto, nosotros, como los primeros cristianos, no solo debemos seguir a Jesucristo, el Buen Pastor, sino tenemos la obligación de seguir y respetar a los pastores que el mismo Cristo sigue designando, para guiar su Iglesia.

Hermanas y hermanos, tengamos cuidado. No permitamos que nadie nos engañe tratando de sembrar entre nosotros la confusión y la desunión. El cristiano que toma en serio su fe es el que sabe que está comprometido a seguir las enseñanzas del Señor haciendo todo lo que pueda para mantener el rebaño unido bajo la tutela del Papa. La misión del Papa es mantener una Iglesia unida. Un buen cristiano ayudará a que toda la Iglesia se mantenga unida en obediencia al Buen Pastor. El cristiano que lleva su fe con seriedad sabe que tiene el compromiso con Cristo de hacer todo lo que esté a su alcance para mantener el rebaño unido.

Recordemos, durante el día de hoy, lo que Jesús nos ha enseñado en el evangelio que hemos escuchado. Él no solo se compara con un buen pastor, sino que lo es. Mantiene con nosotros, que somos sus ovejas una relación estrecha de amor. Cristo es el único mediador entre Dios y la humanidad. El es el Buen Pastor.

Estamos aquí reunidos, al igual que otros domingos, en comunidad, celebrando la Santa Misa. El Señor está aquí entre nosotros. Dentro de unos minutos será la consagración donde el pan y el vino se transformen en el Cuerpo y la Sangre de Nuestro Señor Jesucristo. Cuando recibamos este sagrado alimento demostramos al mundo entero nuestra unidad y nuestra obediencia a Cristo. Recordemos que el Evangelio nos dice que el Señor conoce personalmente a cada una de sus ovejas. Nos ha prometido que, si le somos fieles y nos mantenemos unidos, no pereceremos y nadie nos arrebatará de su mano.

Fourth Sunday of Easter

Cycle C Book 3

Readings: (R1) Acts 2:14, 36-41 (R2) 1 Peter 2:20-25 (Gos) John 10:1-10

We have heard in the Gospel that Jesus says, "My sheep listen to my voice; I know them and they follow me". When we hear these words from the Lord, we must ask ourselves: Do we really listen to his voice? Do we follow him faithfully? If the answer to these two questions is "no," we must change our lives because we have strayed and are no longer following the path that leads us to the Lord. The Gospel promises us that if we listen to the voice of the Lord, the Good Shepherd, and follow him, he will give us eternal life. And, if we are faithful to God, He promises us that we will not perish forever.

Our Church is the fold whose door is Christ. He is the Good Shepherd and we, the parishioners, are his flock. But if Jesus ascended to heaven and is no longer physically present among us, how can we know what the Good Shepherd wants us to do? It is true that from the beginning of our Church, the figure of the Good Shepherd has been identified with Jesus. But the Lord, knowing how we human beings are, knew that after his death and ascension to heaven, the small group of believers that he had gathered around him could not remain united for long if there was not a structure that would keep them faithful to their teachings. For this reason, before ascending to the Father, the Lord chose Peter to be his Vicar, his representative on earth. That is why we say that now the shepherd and guardian of souls on earth is the Pope, the successor of Peter, who takes care of the sheep of the flock. It is the guardian of the Magisterium, the compendium of the teachings of Christ. It keeps the Church faithful to what Christ taught when he was here on earth with his followers. Through his magisterium, the Pope guides and cares for the flock as the representative of Jesus on earth. It is as if he is the senior pastor of our Church. Bishops and priests in union with the Holy Father are also pastors of the Church who help and support the Pope in his task of keeping the Church united and faithful to Christ.

Let us bear in mind that in reality Christ himself is the only Good Shepherd, he is the one who guides our pastors and, through them, us. Our Lord is the one who chose the apostles and he is the one who chooses their successors. Therefore, we, as the first Christians, must not only follow Jesus Christ, the Good Shepherd, but we also have the obligation to follow and respect the shepherds that Christ himself continues to designate, to guide his Church.

Sisters and brothers, let's be careful. Let us not allow anyone to deceive us by trying to sow confusion and disunity among us. The Christian who takes his faith seriously is the one who knows that he is committed to following the Lord's teachings by doing all he can to keep the flock together under the tutelage of the Pope. The mission of the Pope is to maintain a united Church. A good Christian will help the whole Church to stand together in obedience to the Good Shepherd. The Christian who takes his faith seriously knows that he is committed to Christ to do everything in his power to keep the flock together.

Let us remember, during this day, what Jesus has taught us in the gospel we have heard. He not only compares himself to a good shepherd, he is. He maintains a close love relationship with us, who are his sheep. Christ is the only mediator between God and humanity. He is the Good Shepherd.

We are gathered here, like other Sundays, in community, celebrating Holy Mass. The Lord is here among us. In a few minutes it will be the consecration where the bread and wine are transformed into the Body and Blood of Our Lord Jesus Christ. When we receive this sacred food we demonstrate to the whole world our unity and our obedience to Christ. Remember that the Gospel tells us that the Lord knows each of his sheep personally. He has promised us that if we are faithful to him and stick together, we will not perish and no one will snatch us out of his hand.

Quinto Domingo de Pascua

Ciclo C Tomo 3

Lecturas: (L1) Hechos 14, 21-27 (L2) Apocalipsis 21, 1-5a (Ev) Juan 13, 31-33a. 34-35

Hoy el Evangelio nos dice que debemos hacer dos cosas importantes: amar y ser justos. Jesús, antes de volver al Padre, les dio a los apóstoles un mandamiento nuevo: que se amaran los unos a los otros. En realidad, lo que nos pide es que seamos solidarios acogiendo y ayudando a las personas más necesitadas en nuestra familia, en nuestra parroquia, en nuestra comunidad. Aunque es verdad que siempre ha habido injusticias en el mundo, creo que en esta época en que estamos viviendo hay más que nunca. Ha llegado a un nivel trascendental. O, por lo menos, eso es lo que me parece. Dentro y fuera de las comunidades cristianas hay muchas personas que siempre están haciendo cosas, según ellas, para ayudar al prójimo.

Oímos constantemente la palabra, "solidaridad". Sin embargo, los atropellos a la dignidad humana y las injusticias van en aumento. Aunque es verdad que siempre ha habido abusos impunes de los derechos humanos de muchas personas en el mundo, esta sociedad deja ver, de una manera más palpable, que ha llegado al punto destacado. ¿Y cómo puede ocurrir esto, si me parece que hay infinidad de personas que siempre están pregonando que hay que ayudar al prójimo? Si hay tantísima gente que quiere ser caritativa y, según dicen, están ansiosas de ayudar, ¿por qué hay tanta gente que pasa hambre en el mundo, que no tienen agua limpia para beber, que no tienen un techo bajo del cual pueden acobijarse? Hay personas que asimilan la caridad con hacer cosas en grandes escalas, a nivel mundial. Y me pregunto, ¿ayuda esta manera que ahora está de moda? En el mundo cada día hay más miseria, más hambre, más desamor, más egoísmo. Entonces, ¿qué pasa con todas esas multitudes que están ayudando? Algo no está funcionando. Puede ser porque muchos ayudan al prójimo olvidándose de Dios. Si amamos, de verdad, a Dios, vamos a amar al prójimo. Una cosa no puede ir sin la otra. Los cristianos sabemos que la caridad para con el prójimo es una manifestación de nuestro amor a Dios. Y la caridad la realizamos en la medida que está a nuestro alcance. No hay que ser una persona poderosa y rica para ser caritativa. Podemos comenzar primeramente en la casa, en la familia. Una manera sería tratando de apaciguar los desacuerdos, que siempre surgen dentro de todas las familias, sin echar leña al fuego, tratando de poner nuestro granito de arena para que todo vaya bien, quitando trabajo y tensiones a los otros.

Otra manera es socorrer cualquier necesidad, dentro de nuestras posibilidades, que observemos a nuestro alrededor. No hace falta recorrer grandes distancias buscando a quien ayudar. Si queremos ayudar económicamente, nuestras ciudades están llenas de necesitados. Si somos generosos en nuestras parroquias ya estamos ayudando a los hermanos y hermanas más necesitadas.

Otra manera de ayudar al prójimo es compartir. ¿Qué podemos compartir en nuestra comunidad? Primeramente la educación y el calor humano. También si llevamos muchos ministerios en nuestra iglesia, podemos dejar alguno para que puedan participar otros. Podemos dejar de juzgar a nuestros prójimos. Ya tienen suficientes problemas sin tener que aguantar nuestras críticas. Ayudar también es comportarnos con humildad, dejando de creer que somos mejores y más importantes que los otros. Nuestra fe exige que seamos solidarios y amables con los demás, no solamente con las personas de nuestro grupo. Este es el comportamiento que Nuestro Señor pide en el Evangelio.

Precisamente la noche antes de morir, en la Última Cena, solo mencionó un mandamiento: que nos amemos los unos a los otros. Así que empecemos a mostrar que somos fieles seguidores de Cristo hablando menos de amor al prójimo y mostrándolo más con hechos. Oremos a Nuestro Señor para obtener la entereza y la valentía para ser solidarios, olvidándonos de nosotros mismos, recordando que la ayuda al prójimo comienza con los necesitados más cercanos a nosotros.

Fifth Sunday of Easter
Cycle C Book 3
Readings: (R1) Acts 14:21-27 (R2) Revelation 21:1-5a (Gos) John 13:31-33a, 34-35

Today the Gospel tells us that we must do two important things: love and be just. Jesus, before returning to the Father, gave the apostles a new commandment: to love one another. In reality, what he asks of us is that we show solidarity by welcoming and helping the neediest people in our family, in our parish, in our community. Although it is true that there have always been injustices in the world, I believe that in this age in which we are living there are more than ever. It has reached a transcendental level. Or at least that's what it looks like to me. Inside and outside the Christian communities there are many people who are always doing things, according to them, to help others.

We constantly hear the word, "solidarity." However, violations of human dignity and injustices are increasing. Although it is true that there have always been unpunished abuses of the human rights of many people in the world, this society shows, in a more palpable way, that it has come to the fore. And how can this happen, if it seems to me that there are countless people who are always proclaiming that it is necessary to help others? If there are so many people who want to be charitable and, they say, are eager to help, why are there so many hungry people in the world, who do not have clean water to drink, who do not have a low roof to shelter from? There are people who assimilate charity with doing things on a large scale, globally. And I wonder does this way that is now in fashion help? In the world every day there is more misery, more hunger, more heartbreak, and more selfishness. So what about all those crowds that are helping? Something is not working. It may be because many help others by forgetting God. If we really love God, we will love our neighbor. One cannot go without the other. Christians know that charity towards our neighbor is a manifestation of our love for God. And we do charity to the extent that it is within our reach. You don't have to be a powerful and rich person to be charitable. We can start first at home, in the family. One way would be trying to appease disagreements, which always arise within all families, without adding fuel to the fire, trying to do our bit so that everything goes well, taking work and tension away from others.

Another way is to help any need, within our possibilities, that we observe around us. You don't have to travel long distances looking for someone to help. If we want to help financially, our cities are full of needy. If we are generous in our parishes, we are already helping the most needy brothers and sisters.

Another way to help others is to share. What can we share in our community? First of all, education and human warmth. Also if we carry many ministries in our church, we can leave some so that others can participate. We can stop judging our neighbors. They already have enough problems without having to put up with our criticism. Helping is also behaving with humility, ceasing to believe that we are better and more important than others. Our faith demands that we be caring and kind to others, not just the people in our group. This is the behavior that Our Lord asks for in the Gospel.

Precisely the night before he died, at the Last Supper, he only mentioned one commandment: that we love one another. So let's begin to show that we are faithful followers of Christ by speaking less about love of neighbor and showing it more with deeds. Let us pray to Our Lord to obtain the strength and courage to be in solidarity, forgetting ourselves, remembering that helping others begins with those in need closest to us.

Sexto Domingo De Pascua

Ciclo C Tomo 3
Lecturas: (L1) Hechos 15, 1-2 .22-29 (L2) Apocalipsis 21, 10-14. 22-23 (Ev) Juan 14, 23-29

En estos 40 días entre la Pascua y la Ascensión del Señor, la Iglesia nos dice que debemos tener los ojos puestos firmemente en el cielo que es nuestra patria verdadera a la que Dios mismo nos llama. Durante la última Cena, el Señor les dijo a sus discípulos que Él volvía a su Padre Celestial pero que no debían preocuparse porque volvería y les llevaría a un sitio donde podían estar con Él otra vez.

A nosotros también nos promete que si hemos sido fieles a Él y hemos procurado seguir sus enseñanzas a lo largo de nuestra vida, nuestra muerte será un encuentro feliz con Él. Mientras tanto lo tenemos presente ahora en el Santísimo Sacramento. Debemos acudir a Él siempre que podamos porque cuando hablamos a menudo con el Señor, encontramos que deseamos más estar con Él para siempre.

La muerte es una de los acontecimientos constantes en nuestra vida. Todos moriremos. Pero si tenemos fe en Nuestro Señor, no debemos temer la muerte. El amor que tenemos por Jesús debe cambiar por completo el sentido de ese momento final, que experimentará todo el mundo. Mientras esperamos ser reunidos con el Señor, pensar en cómo será nuestra vida en el cielo nos ayuda a vivir una vida honesta, a mantenernos unidos a Dios en oración, y, a la hora de la tentación, a recordar que hay un cielo que nos aguarda.

La felicidad eterna del cielo es una de las grandes verdades que predicó Nuestro Señor. Comparó el cielo a la morada que Dios prepara para los que siguen sus mandatos. Precisamente en la última cena les dijo a sus discípulos: *"En la casa de mi Padre hay muchas mansiones, y voy allá a prepararles un lugar..."* (Juan14, 2-3) En el cielo todas nuestras ansias de felicidad quedarán saciadas, todos los deseos que llevamos en el corazón serán realizados.

Después de la Resurrección del Señor la gran noticia que los apóstoles proclamaban era sencilla. Como dice San Pedro en el libro de los Hechos de los Apóstoles, *"Dios no hace distinciones; acepta al que lo teme y practica la justicia, sea de la nación que sea"*. (Hechos 10:34-35) Jesucristo, Dios mismo nacido entre nosotros, amplió la promesa, el convenio que hizo al pueblo Judío: *"Haré de ustedes mi pueblo; y yo seré su Dios."* (Éxodo 6:7). Desde el momento que Nuestro Señor da su vida por la humanidad y resucita de los muertos todos los pueblos de la tierra comparten esa misma promesa. Nuestro Señor nos promete que si somos fieles a Él, si seguimos sus enseñanzas durante nuestra vida, y si le amamos, Él será fiel a nosotros, nos protegerá y nos amará.

En muchas ocasiones, uno puede preguntarse, siendo los seres humanos como somos, ¿cómo puede ser que Dios nos ame? Hermanos y hermanas, este es el gran misterio. Jesús nos dice: *"No son ustedes los que me han elegido, soy yo quien los ha elegido"*. (Juan 15, 16) A pesar de nuestros pecados y nuestra falta de fidelidad, Dios nos sigue haciendo una oferta de amistad y entrega total que sobre pasa los límites de nuestro entendimiento. Jesucristo, Nuestro Señor, Dios verdadero, libremente aceptó su muerte en la Cruz *"como victima de propiciación por nuestros pecados"*. (1 Juan 2, 2) Y lo hizo sencillamente porque nos ama. San Juan nos dice en su Primera Carta que *"El amor consiste en esto: no en que nosotros hayamos amado a Dios sino en que Él nos amó primero"*. (1 Juan 4:10) Este es el Evangelio, la buena noticia, que la Iglesia anuncia al mundo entero.

Siempre debemos recordar que mientras vivimos aquí en este mundo aun hay tiempo para la reconciliación con Dios. Todos nuestros pecados pueden ser perdonados. El mayor fracaso de nuestras vidas sería no confesarnos, no pedir perdón por nuestros pecados, y encontrarnos con la puerta que lleva al cielo cerrada. Por eso la Iglesia nos anima a prepararnos para la hora de nuestra muerte confesando nuestros pecados frecuentemente, pidiendo a la Virgen María, la Madre de Dios, que interceda por nosotros siempre: *"ahora y en la hora de nuestra muerte. Amén."*

Sixth Sunday of Easter

Cycle C Book 3
Readings: (R1) Acts 15:1-2, 22-29 (R2) Revelation 21:10-14, 22-23 (Gos) John 14:23-29

During these 40 days between Easter and the Ascension of the Lord, the Church tells us that we must keep our eyes firmly fixed on heaven, which is our true homeland to which God himself calls us. During the Last Supper, the Lord told His disciples that He was returning to their Heavenly Father but that they should not worry because He would return and take them to a place where they could be with Him again.

He also promises us that if we have been faithful to him and have tried to follow his teachings throughout our lives, our death will be a happy encounter with him. Meanwhile he is present for us now in the Blessed Sacrament. We can always go to him and we can visit him because when we speak often with the Lord, we find that we want more to be with Him forever.

Death is one of the constant events in our life. We will all die. But if we have faith in Our Lord, we should not fear death. The love we have for Jesus must completely change the meaning of that final moment, which the whole world will experience. As we wait to be reunited with the Lord, thinking about what our life in heaven will be like helps us to live an honest life, to stay united with God in prayer, and, when we experience temptation, to remember that there is a heaven that awaits us

Eternal happiness in heaven is one of the great truths that Our Lord preached. He compared heaven to the abode that God prepares for those who follow his commands. Precisely at the Last Supper he said to his disciples: *"In my Father's house there are many dwelling places. ... And if I go and prepare a place for you, I will come back again and take you to myself...."* (John 14, 2-3) In heaven all our longings for happiness will be satisfied, all the wishes that we carry in our hearts will be fulfilled.

After the Resurrection of the Lord the great news that the apostles proclaimed was simple. As Saint Peter says in the book of the Acts of the Apostles, *"In truth, I see that God shows no partiality. ^{35} Rather, in every nation whoever fears him and acts uprightly is acceptable to him."* (Acts 10: 34-35) Jesus Christ, God himself born among us, expanded the promise, the covenant that he made to the Jewish people: *"I will take you as my own people, and I will be your God ...."* (Exodus 6: 7). From the moment that Our Lord gives his life for humanity and rises from the dead, all the peoples of the earth share that same promise. Our Lord promises us that if we are faithful to Him, if we follow His teachings during our lives, and if we love Him, He will be faithful to us, protect us and love us.

On many occasions, one may wonder, being human beings as we are: how can it be that God loves us? Brothers and sisters, this is the great mystery. Jesus tells us: *"It was not you who chose me, but I who chose you ...."* (John 15:16) Despite our sins and our lack of fidelity, God continues to make us an offer of friendship and total dedication that exceeds the limits of our understanding. Jesus Christ, Our Lord, the true God, freely accepted his death on the Cross *"...is expiation for our sins..."* (1 John 2, 2) And he did it simply because he loves us. Saint John tells us in his First Letter that *"In this is love: not that we have loved God, but that he loved us."* (1 John 4:10) This is the Gospel, the good news that the Church announces to the whole world.

We must always remember that while we live here in this world there is still time for reconciliation with God. All our sins can be forgiven. The biggest failure of our lives would be not going to confession, not asking forgiveness for our sins, and finding the door to heaven is closed to us. That is why the Church encourages us to prepare for the hour of our death by confessing our sins frequently, asking the Virgin Mary, the Mother of God, to intercede for us always: *"now and at the hour of our death. Amen."*

Séptimo Domingo De Pascua

Ciclo C Tomo 3
Lecturas: (L1) 1 Samuel 26, 2. 7-9. 12-13. 22-23 (L2) 1 Corintios 15, 45-49 (Ev) Lucas 6, 27-38

Nuestro Señor Jesucristo desea ardientemente que la humanidad llegue a la unidad en la Santa Iglesia que Él fundó. Prometió a los apóstoles que su Iglesia permanecería en el mundo hasta el fin de los tiempos. Y nos pide a nosotros que su Iglesia sea signo de unidad en este mundo tan desunido.

Jesucristo fundó una sola Iglesia. Cada vez que rezamos el Credo de los Apóstoles decimos *"Creo en la Iglesia que es una, santa, Católica y apostólica"*. De esta manera profesamos nuestra fe en la Iglesia que Cristo fundó. Esas palabras fueron escritas cuando nadie dudaba que Jesucristo fundara una sola Iglesia, cuando nadie dudaba que esa Iglesia fuera la nuestra. Nosotros seguimos pensando que sigue siendo un hecho histórico que no podemos, ni debemos, rechazar como ficción triunfalista. Es nuestro deber, como católicos, orar continuamente para que el deseo de Nuestro Señor se cumpla: que seamos uno cómo Cristo y su Padre, que está en el cielo, son uno.

Después de su Resurrección, Nuestro Señor designó a Pedro para que junto con los demás apóstoles guiara a los seguidores de Jesús, los que posteriormente se les llamarían cristianos. Al dejar la custodia del tesoro de sus bienes espirituales a los apóstoles, Nuestro Señor quiso mostrar que la Iglesia que fundó Él, la que formó y que sigue moldeando, debía continuar su ministerio enseñando exactamente lo que había enseñado Él, sin cambiarlo y sin tergiversarlo. El ministerio que Cristo inauguró fue único. Instituyó una sola Iglesia. Nosotros, los que pertenecemos a ella y la amamos y la defendemos, somos descendientes espirituales de aquel primer rebaño custodiado por el Sucesor de Pedro y por los obispos, los encargados de custodiar los bienes espirituales de la Iglesia.

Nuestro principal deber es reconocer cómo se rige nuestra Iglesia y, de esa manera, conocer más a Dios. Cada domingo, por mediación de la palabra de Dios, en otras palabras, las lecturas y el evangelio que escuchamos en cada misa y, que si somos buenos cristianos, leemos en la Biblia, mostramos nuestra unión espiritual con millones de católicos alrededor del mundo. Y con nuestras oraciones seguimos el ministerio que Jesús nos encomendó.

Si escuchamos bien la palabra de Dios, las palabras de las Sagradas Escrituras, veremos que de ellas brotan las buenas obras y el amor. De la sabiduría que encontramos en los libros de la Biblia y en las enseñanzas de nuestra Iglesia, lo que se llama el Magisterio, procede el discernimiento para reconocer si estamos siguiendo a Cristo y a su Iglesia o hemos caído ante las tentaciones del mundo y sus vanidades.

Los cristianos debemos amar mucho a nuestra Iglesia. Es un tesoro precioso que Dios nos ha donado. Hoy en día la Iglesia sigue proclamando, cómo lo ha hecho desde los tiempos de los Apóstoles, que solo nos podemos salvar a través de Cristo. Tengamos en cuenta que cuando hablamos de la Iglesia también hablamos de todos los que formamos el cuerpo de la Iglesia que Jesús mismo encabeza. A pesar de todos nuestros esfuerzos por vivir vidas santas, tenemos que reconocer que, en el fondo, somos pecadores con deseo de superación para poder ir al cielo. La santidad de la Iglesia viene de su Cabeza, que es Cristo, y de nuestros intentos diarios de vivir una vida santa de acuerdo con sus enseñanzas.

Cristo nos pide que su Iglesia sea solamente una, como El la fundo. La unidad es la señal fundamental de que Cristo habita entre nosotros. No basta con que leamos los evangelios o prediquemos a Cristo si con nuestra conducta, estamos mostrando al mundo que no somos capaces de seguir lo que Cristo nos mandó. De esa manera mostramos que no amamos a Cristo ni a nuestra Iglesia ni a nuestro prójimo. Es verdaderamente importante amar a la Iglesia, cumplir los mandamientos e ir pregonando con nuestro buen ejemplo que somos católicos, que creemos en una sola Iglesia, y que somos fieles seguidores de Cristo.

Seventh Sunday of Easter

Cycle C Book 3
Readings: (R1) 1 Samuel 26: 2, 7-9, 12-13, 22-23 (R2) 1 Corinthians 15:45-49 (Gos) Luke 6:27-38

Our Lord Jesus Christ ardently desires humanity to be united in the Holy Church that He founded. He promised the apostles that his Church would remain in the world until the end of time. And he asks us that his Church be a sign of unity in this world so disunited.

Jesus Christ founded only one Church. Every time we pray the Apostles' Creed we say "*I believe in the Church that is one, holy, Catholic and apostolic.*" In this way we profess our faith in the Church that Christ founded. Those words were written when no one doubted that Jesus Christ founded a single Church, when no one doubted that this Church was ours. We continue to think that it is still a historical fact that we cannot, and should not, reject as triumphalist fiction. It is our duty, as Catholics, to pray continually that our Lord's wish be fulfilled: that we be one as Christ and his Father, who is in heaven, are one.

After his Resurrection, Our Lord appointed Peter to lead the followers of Jesus, together with the other apostles, who would later be called Christians. By leaving the custody of the treasure of his spiritual goods to the apostles, Our Lord wanted to show that the Church that he founded, that he formed and that continues to mold, should prolong his ministry, teaching exactly what he had taught, without changing it and without distorting it. The ministry that Christ inaugurated was unique. He instituted a single Church. We, those of us who belong to it and love and defend it, are spiritual descendants of that first flock that was defended by the Successor of Peter and by the bishops, those in charge of safeguarding the spiritual goods of the Church.

Our main duty is to recognize how our Church is governed and, in this way, to know God more. Every Sunday, through the word of God, in other words, the readings and the gospel that we hear at each Mass and, if we are good Christians, we read in the Bible, we show our spiritual union with millions of Catholics around the world. And with our prayers we follow the ministry that Jesus entrusted to us.

If we listen well to the word of God, the words of the Holy Scriptures, we will see that good works and love spring from them. From the wisdom that we find in the books of the Bible and in the teachings of our Church, what we call the Magisterium comes discernment to recognize whether we are following Christ and his Church or have fallen before the temptations of the world and its vanities.

Christians must love our Church very much. It is a precious treasure that God has given us. Today the Church continues to proclaim, as it has done since the time of the Apostles that we can only be saved through Christ. Let us bear in mind that when we speak of the Church we also speak of all of us who make up the body of the Church that Jesus himself heads. Despite all our efforts to live holy lives, we have to recognize that deep down; we are sinners with a desire to improve so that we can go to heaven. The holiness of the Church comes from its Head, who is Christ, and from our daily attempts to live a holy life in accordance with its teachings.

Christ asks that His Church be one, as He established it. Unity is the fundamental sign that Christ dwells among us. It is not enough for us to read the gospels or preach Christ if, by our conduct, we are showing the world that we are not capable of following what Christ commanded us to do. In this way we show that we do not love Christ or our Church or our neighbor. It is truly important for us to love the Church, to keep the commandments, and to proclaim with our good example that we are Catholics, that we believe in one Church, and that we are faithful followers of Christ.

Domingo de Pentecostés
Ciclo C Tomo 3
Esta homilía se puede usar en cualquier Misa del Domingo de Pentecostés

Hoy, Domingo de Pentecostés, celebramos un hecho que es, a la vez, milagroso y maravilloso. Hoy es un día de gran gozo para todos los católicos. Hoy celebramos el amor de Dios que ha sido derramado en nuestros corazones por obra del Espíritu Santo. Hoy celebramos el día en que nació nuestra iglesia.

Conmemoramos el día en que Dios eligió derramar su gracia divina sobre su pueblo de una manera especial y espectacular. La Iglesia celebra este día con gran solemnidad porque es el día en que la iglesia cristiana primitiva fue inaugurada como tal. Los próximos siete días se consideran parte de esta fiesta y forman la octava de la solemnidad. Todas las fiestas principales de nuestra Iglesia, como la Navidad y el Domingo de Resurrección, se celebran de esta manera.

Desde la Ascensión de Jesús al cielo hasta el Día de Pentecostés transcurrieron nueve días. Durante esos días, los seguidores de Cristo pasaron su tiempo reunidos en oración. Este hecho es el precursor de la práctica piadosa que hoy llamamos una Novena. Estando todos los Apóstoles y la Virgen María juntos en el Cenáculo de improviso vino un ruido fuerte como cuando sopla un viento fuerte. De esta manera el Espíritu Santo manifestó su presencia entre ellos. Desde los tiempos del Antiguo Testamento Dios siempre se había manifestado a través de los elementos naturales tales como el viento y el fuego. Nadie sabe de cuantas formas puede presentarse el Espíritu Santo. Pero lo que sí sabemos es que puede aparecer en nuestra vida en el momento menos esperado. La Iglesia siente constantemente la presencia del Espíritu Santo. Él es el que la conserva, la santifica y la fortalece. Ha mantenido a la Iglesia triunfante en medio de las persecuciones y calumnias que han surgido durante casi veinte siglos.

Al decir que el Espíritu Santo santifica a su Iglesia también queremos decir que nos santifica a nosotros y que también apreciamos su presencia en nuestra vida. La Iglesia, fortalecida por el espíritu de unidad, hace entre todos los pueblos y todas las razas una comunidad fraternal. Si miramos nuestra Iglesia con fe descubriremos en ella al Espíritu Santo y veremos que constantemente está derramando la semilla que la muerte y resurrección de Nuestro Señor Jesucristo sembró. Hace que los cristianos tengamos una visión cristiana de nuestra Iglesia y aprendamos a defenderla de cada ataque, pequeño o grande, que surge contra ella. Pidamos al Espíritu Santo que lo que Cristo sembró llegue a plenitud. Nuestra Iglesia es obra del Espíritu Santo y se reconoce por sus frutos. Notaremos la presencia del Espíritu Santo cuando en la Iglesia veamos frutos de amor, paz, bondad, lealtad y, sobre todo, humildad.

El Día de Pentecostés, cincuenta días después de Pascua era una de las principales fiestas judías. Y muchos judíos que vivían fuera de Tierra Santa venían en peregrinación y se reunían todos en Jerusalén. Ese es el día que se formó nuestra Iglesia. Porque la Iglesia Católica no es una construcción humana como son muchas de las sectas que abundan en el mundo hoy día. No es obra de un grupo que se creyeron importantes y decidieron formar una iglesia. Nuestra Iglesia es obra de Dios. El acontecimiento de Pentecostés fue algo único y maravilloso y lo mismo fue la Resurrección de Nuestro Señor. Al llegar el Espíritu Santo y derramar su gracia sobre los Apóstoles los colmó de valentía y de sabiduría. Pedro y los otros Apóstoles, inspirados por este Espíritu, empezaron a hablar la palabra, y hablarla con fuerza. Y en varias lenguas Ellos y sus sucesores, nuestros obispos y sacerdotes, son los que tienen la responsabilidad de salvaguardar la Palabra de Dios para que sea predicada fielmente siglo tras siglo.

Nuestra Iglesia siempre se envejece y siempre se rejuvenece. A través del Espíritu Santo, ella nos fortalece en el bautismo de fuego que recibieron los Apóstoles y que se prolonga en todos nosotros. Nuestra Iglesia, con el evangelio, la Eucaristía y los dones del Espíritu Santo, nos reúne y nos convierte en una sola familia humana. Y nos protege de los errores de los que quieren crear un Cristo a su imagen o a su conveniencia para que puedan hacer lo que quieran y seguir llamándose cristianos. Para ser cristiano de verdad habrá que hacer nuestra la misma fe que hemos heredado de los apóstoles y sus sucesores. Es la fe que ellos recibieron de Cristo mismo y la que nos trasmite nuestra Iglesia intacta y sin cambios.

Pentecost Sunday

Cycle C Book 3
This homily may be used for any Mass on Pentecost Sunday

Today, Pentecost Sunday, we celebrate an event that is both miraculous and wonderful. Today is a day of great joy for all Catholics. Today we celebrate the love of God that has been poured into our hearts by the Holy Spirit. Today we celebrate the day our church was born.

We commemorate the day that God chose to pour out his divine grace on his people in a way that was both special and spectacular. The Church celebrates this day with great solemnity because this is the day that the early Christian church was inaugurated as such. The next seven days are considered part of this feast and form the octave of the solemnity. All the major holidays of our Church, such as Christmas and Easter Sunday, are celebrated in this way.

From the Ascension of Jesus into heaven until the Day of Pentecost, nine days elapsed. During those days, the followers of Christ spent their time together in prayer. This fact is the precursor of the pious practice that today we call a Novena. While all the Apostles and the Virgin Mary were together in the Upper Room, a loud noise suddenly came as when a strong wind blows. In this way the Holy Spirit manifested his presence among them. Since Old Testament times, God had always manifested himself through natural elements such as wind and fire. No one knows in how many ways the Holy Spirit can appear. But what we do know is that it can appear in our lives at the least expected moment. The Church constantly feels the presence of the Holy Spirit. He is the one who preserves it, sanctifies it and strengthens it. It has kept the Church triumphant amid the persecutions and calumnies that have arisen during almost twenty centuries of its history.

By saying that the Holy Spirit sanctifies her Church we also mean that she sanctifies us and that we also appreciate her presence in our lives. The Church, strengthened by the spirit of unity, makes a fraternal community among all peoples and all races. If we look at our Church with faith we will discover in it the Holy Spirit and we will see that it is constantly shedding the seed that the death and resurrection of Our Lord Jesus Christ sowed. It makes us Christians have a Christian vision of our Church and learn to defend it from every attack, small or large, that arises against it. Let us ask the Holy Spirit that what Christ sowed come to fullness. Our Church is the work of the Holy Spirit and is recognized by its fruits. We will notice the presence of the Holy Spirit when in the Church we see fruits of love, peace, goodness, loyalty and, above all, humility.

The Day of Pentecost, fifty days after Passover, was one of the main Jewish holidays. And many Jews who lived outside the Holy Land came on pilgrimage and they all gathered in Jerusalem. That is the day our Church was formed. Because the Catholic Church is not a human construction like many of the sects that abound in the world today, it is not the work of a group that believed themselves important and decided to form a church. Our Church is the work of God. The event of Pentecost was something unique and wonderful and so was the Resurrection of Our Lord. When the Holy Spirit arrived and poured out his grace on the Apostles, he filled them with courage and wisdom. Peter and the other Apostles, inspired by this Spirit, began to speak the word, and speak it with force. And in various languages They and their successors, our bishops and priests, are the ones who have the responsibility to safeguard the Word of God so that it is faithfully preached century after century.

Our Church is always getting old and always rejuvenated. Through the Holy Spirit, she strengthens us in the baptism of fire that the Apostles received and that continues in all of us. Our Church, with the Gospel, the Eucharist and the gifts of the Holy Spirit, brings us together and makes us one human family. And it protects us from the mistakes of those who want to create a Christ in their image or at their convenience so that they can do whatever they want and continue to call themselves Christians. To be a true Christian, we will have to make our own the same faith that we have inherited from the apostles and their successors. It is the faith that they received from Christ himself and that our Church transmits to us intact and without changes.

La Santísima Trinidad

Ciclo C Tomo 3
Lecturas: (L1) Proverbios 8, 22-31 (L2) Romanos 5, 1-5 (Ev) Juan 16, 12-15

Hoy celebramos la fiesta de la Santísima Trinidad, un solo Dios en tres divinas personas, distintas pero un solo Dios. A la vez, llegamos al final de una etapa litúrgica en la Iglesia. Después de haber celebrado los misterios de la salvación desde el nacimiento de Cristo en Belén hasta la revelación del Espíritu Santo en Pentecostés, la Iglesia nos propone que celebremos hoy este misterio central de nuestra fe: la Santísima Trinidad, fuente de todos los dones y de toda la gracia que recibimos a diario de Dios.

San Agustín decía que aunque no es difícil comprender que Dios existe, el que haya tres personas en un solo Dios nos es imposible percibir usando nuestros propios recursos. Sin embargo sabemos que es así porque el mismo Jesucristo, Hijo Único de Dios, nos lo reveló y Nuestro Señor no puede ser engañado ni engañarnos. De no ser por Él no nos hubiera sido posible entrever la existencia de la Santísima Trinidad. Aunque es verdad que la Santísima Trinidad no se menciona por nombre en la Biblia, en los evangelios Nuestro Señor resume esta doctrina en pocas palabras para que podamos entender que el Padre y el Espíritu Santo existen y que junto con el Hijo son Dios. Pero es precisamente al final del Evangelio de San Mateo, donde Nuestro Señor nos dice cómo debemos nombrar a nuestro Dios. Nos dice Nuestro Señor que la Iglesia debe bautizar en el nombre del Padre y del Hijo y del Espíritu Santo. (Mateo 28, 19)

Todos sabemos que la Biblia en realidad es la historia del amor que existe entre Dios y el género humano. El Antiguo Testamento nos enseña, sobre todo, la grandeza del único Dios y creador *"del cielo y de la tierra, de todo lo visible y lo invisible"*. Dios se nos revela cómo el Padre que siempre perdona a sus hijos e hijas y no nos olvida a pesar de nuestras frecuentes infidelidades. En cambio, el Nuevo Testamento, a la vez que reafirma la existencia de Dios Padre, nos revela la encarnación de Dios Hijo, que realmente fue anunciada por los antiguos profetas, y la acción del Espíritu Santo, revoloteando y derramando su gracia sobre los apóstoles y la Virgen María el domingo de Pentecostés como lo hizo durante la creación (Génesis 1, 2). Es Jesucristo quien nos reveló la perfecta unidad de vida entre las divinas personas. No fue invención de generaciones de cristianos posteriores.

No podemos comprender la grandeza de la Santísima Trinidad con el cerebro pero puede ser que nos acercamos a entenderlo con el corazón. El ser humano fue creado a imagen de Dios. Cada uno de nosotros es una persona única cómo cada una de las tres personas de la Santísima Trinidad. Cuando formamos una familia realmente nos asemejamos a la unidad y el amor que existe en la Santísima Trinidad. Hablando en términos humanos podíamos decir que al decir que Dios es trino también decimos que Dios es familia. Y la familia se comprende solo a través del corazón. Casi todos hemos experimentado cómo es una familia. Hemos nacido y crecido en el seno de una familia. Sabemos que una buena familia es una comunidad de personas que da amor, cercanía y relación. Nos dicen los grandes teólogos de la historia que esto también debe ser cómo es la Santísima Trinidad. Las tres personas de la Santísima Trinidad también viven en amor, cercanía y relación. Son personas distintas que viven juntos en el amor que existe entre ellos. Cada domingo encontramos a la Santísima Trinidad aquí, en este templo, y se une con nosotros para formar juntos la familia de Dios.

Hermanos y hermanas, nos hace mucha falta acercarnos en este día al misterio de la Santísima Trinidad más que con la mente, con el corazón abierto, dispuestos a aceptar a Dios en nuestra familia. Dios habita dentro de la persona que ama. Siempre debemos recordar que cada uno de nosotros pertenece a la familia de Dios. Seamos nosotros el lazo vivo de unión entre los miembros de la familia en casa y en la Iglesia. En nuestra comunidad, lo mismo que en las familias humanas, debemos ser cálidos con los demás creando así una relación más cercana con Dios y con nuestros prójimos. Dispongámonos a celebrar nuestro amor con Dios Padre, Hijo y Espíritu Santo en esta Santa Misa.

The Most Holy Trinity

Cycle C Book 3
Readings: (R1) Proverbs 8:22-31 (R2) Romans 5:1-5 (Gos) John 16:12-15

Today we celebrate the feast of the Holy Trinity, one God in three divine persons, tree distinct persons but one God. At the same time, we come to the end of a liturgical stage in the Church. After having celebrated the mysteries of salvation from the birth of Christ in Bethlehem to the revelation of the Holy Spirit at Pentecost, the Church proposes that we celebrate today this central mystery of our faith: the Holy Trinity, source of all gifts and of all the grace that we receive daily from God.

Saint Augustine said that although it is not difficult to understand that God exists, the fact that there are three persons in one God is impossible for us to perceive using our own resources. However, we know that it is so because Jesus Christ himself, the Only Son of God, revealed it to us and Our Lord cannot be deceived or deceive us. If it had not been for him, it would not have been possible for us to glimpse the existence of the Holy Trinity. Although it is true that the Holy Trinity is not mentioned by name in the Bible, in the Gospels Our Lord summarize this doctrine in a few words so that we can understand that the Father and the Holy Spirit exist and that together with the Son they are God. But it is precisely at the end of the Gospel of Saint Matthew, where Our Lord tells us how we should name our God. Our Lord tells us that the Church must baptize in the name of the Father and of the Son and of the Holy Spirit. (Matthew 28, 19)

We all know that the Bible is actually the story of the love that exists between God and humanity. The Old Testament teaches us, above all, the greatness of the one God and creator *"of heaven and earth, of all things visible and invisible."* God reveals to us how the Father who always forgives his sons and daughters does not forget us despite our frequent infidelities. Instead, the New Testament, while reaffirming the existence of God the Father, reveals to us the incarnation of God the Son, which was actually announced by the ancient prophets, and the action of the Holy Spirit, hovering and showering his grace on the apostles and the Virgin Mary on Pentecost Sunday as he did during the creation (Genesis 1, 2). It is Jesus Christ who revealed to us the perfect unity of life among the divine persons. It was not the invention of later generations of Christians.

We cannot understand the greatness of the Holy Trinity with the brain but it may be that we can come closer to understanding it with the heart. The human being was created in the image of God. Each one of us is a unique person like each of the three persons of the Holy Trinity. When we form a family we really resemble the unity and love that exists in the Holy Trinity. Speaking in human terms we could say that when we say that God is triune we also say that God is family. And the family is understood only through the heart. Most of us have experienced what a family is like. We were born and raised in a family. We know that a good family is a community of people in which we experience love, closeness and relationship. The great theologians of history tell us that this must also be what the Holy Trinity is like. The three persons of the Holy Trinity also live in love, closeness and relationship. They are different people who live together in the love that exists between them. Every Sunday we meet the Holy Trinity here, in this temple, and he joins us to form the family of God together.

Brothers and sisters, on this day we really need to approach the mystery of the Holy Trinity more than with our mind, with an open heart, ready to accept God in our family. God dwells within the person he loves. We must always remember that each of us belongs to the family of God. Let us be the living bond between the members of the family at home and in the Church. In our community, as well as in human families, we must be warm with others thus creating a closer relationship with God and with our neighbors. Let us be ready to celebrate our love with God the Father, Son and Holy Spirit in this Holy Mass.

La Solemnidad del Cuerpo y la Sangre de Cristo

Ciclo C Tomo 3
Lecturas: (L1) Génesis 14, 18-20 (L2) 1 Corintios 11, 23-26 (Ev) Lucas 9, 11b-17

Hoy celebramos la veneración a Jesús Sacramentado. En esta Solemnidad del Cuerpo y la Sangre de Cristo, también llamada "La Solemnidad del Corpus Christi" por su nombre en latín, se unen la liturgia y la piedad en honor del misterio eucarístico. Hoy le damos gracias al Señor de una manera muy especial por haberse quedado en el Santísimo Sacramento por nosotros. Celebramos y nos alegramos por tenerlo tan cerca siempre. La historia de esta solemnidad es fácil de comprender. Desde los principios de la Iglesia, los fieles, la gente humilde, ha mostrado su fe en la presencia real de Cristo. De esta fe surgió la devoción popular a Jesús Sacramentado no solamente en la misa pero también fuera de ella. Nuestros antepasados cristianos siempre han creído que nuestro Dios y Señor se encuentra en el sagrario y nosotros también lo creemos. Allí está Cristo. Y es allí donde deben hacerse presentes nuestra adoración y nuestro amor.

Hace siglos que esta veneración a Jesús Sacramentado se expresa de muchas maneras: en la bendición con el Santísimo, en las procesiones, en la oración ante Jesús Sacramentado, y en las genuflexiones que todos debemos hacer ante el Sagrario. Todos estos son verdaderos actos de fe y de adoración. Entre estas devociones y formas de culto se encuentra la Solemnidad de Corpus Christi que celebramos hoy cómo un acto público que festejamos en honor a Cristo presente en la Santísima Eucaristía. Durante siglos la fiesta que celebramos hoy ha sido muy querida por el pueblo cristiano. En muchas poblaciones se hacen grandes procesiones y festejos populares en este día. Las lecturas de nuestra misa hoy nos ayudan a comprender el gran misterio que celebramos.

Nuestra primera lectura nos presenta una persona misteriosa. Melquisedec era un sacerdote del tiempo de Abran. Sabemos que en el antiguo testamento el sacrificio era generalmente un animal. Al sacrificar y derramar la sangre del animal sobre el altar el hombre reconocía que Dios era el autor de la vida. De esta manera daba gracias a Dios y le pedía perdón y ayuda. Pero Melquisedec no ofreció un animal como era costumbre sino pan y vino. Sabía que al ofrecer el pan y el vino estaba reconociendo a Dios como autor de la vida. El pan y el vino son fruto de la tierra y del trabajo del hombre y significan la vida humana. De alguna manera misteriosa estaba ofreciendo a Dios los mismos elementos que siglos después serían ofrecidos por Nuestro Señor como el pan de vida y el cáliz de la salvación.

En el evangelio de hoy vemos cómo la gente siempre seguía a Jesucristo y cómo le escuchaban con atención y esperanza. Hasta tal punto que siguiéndolo se olvidaban hasta de comer. Y es que las palabras de Jesús siempre llenan a los corazones de paz. Era tan importante para ellos estar cerca del Señor y escucharle que ni siquiera pensaban en la comida. Jesucristo, viendo esto, quiso manifestar a esa multitud que creía en Él que Él sí se interesaba realmente por sus carencias y sus problemas incluso las carestías materiales que tenían. Con unos pocos panes dio de comer a todos. No hizo esto para dar a conocer sus grandes poderes y ganarse la popularidad. Fue por un interés real por los presentes. Quería indicarles con ese signo que Él era el pan que les trae la vida.

San Pablo dice en la Segunda Lectura hoy que; "el Señor Jesús, en la noche en que iban a entregarlo, tomó un pan y, pronunciando la acción de gracias, lo partió y dijo: 'Esto es mi cuerpo, que se entrega por ustedes. Hagan esto en memoria mía.'" (1 Corintios 11, 23) Ellos se quedaron confusos pero con una nueva esperanza. Desde entonces, al celebrar la Sagrada Eucaristía, tomamos y comemos el pan consagrado y convertido en el Cuerpo y la Sangre de Cristo tal y como nos dijo que debíamos hacerlo. La Sagrada Eucaristía indica la relación que tenemos con Dios y con los hermanos. El Señor se hace presente de una manera real en el pan y el vino sobre el altar. Cuando lo recibimos en la Santa Comunión nos unimos a Él y a los demás como familia. Mostrémosle diariamente que reconocemos gozosos la dicha de poder estar con Él siempre en el Santísimo Sacramento.

Solemnity of the Body and Blood of Christ
Cycle C Book 3
Readings: (R1) Genesis 14:18-20 (R2) 1 Corinthians 11:23-26 (Gos) Luke 9:11b-17

Today we celebrate the veneration of Jesus in the Blessed Sacrament On this Solemnity of the Body and Blood of Christ, also called "The Solemnity of Corpus Christi" by its Latin name, liturgy and piety come together in honor of the Eucharistic mystery. Today we thank the Lord in a very special way for having stayed in the Blessed Sacrament for us. We celebrate and are happy to have him so close always. The history of this solemnity is easy to understand. From the beginning of the Church, the faithful, the humble people, have shown their faith in the real presence of Christ. From this faith arose the popular devotion to Jesus in the Blessed Sacrament not only at Mass but also outside of it. Our Christian ancestors have always believed that our Lord and God are present in the tabernacle and we do too. There is where Christ is. And it is towards there that our adoration and our love must be directed.

For centuries this veneration of the Blessed Jesus has been expressed in many ways: in the blessing with the Blessed Sacrament, in processions, in prayer before Jesus in the Blessed Sacrament, and in the genuflections that we all must make before the Tabernacle. All of these are true acts of faith and worship. Among these devotions and forms of worship is the Solemnity of Corpus Christi that we celebrate today as a public act that we celebrate in honor of Christ present in the Most Holy Eucharist. For centuries the festival that we celebrate today has been very dear to the Christian people. In many towns large processions and popular festivities are held on this day. The readings of our Mass today help us to understand the great mystery that we celebrate.

Our first reading presents us with a mysterious person. Melchizedek was a priest from the time of Abram. We know that in the Old Testament the sacrifice was generally an animal. By sacrificing and shedding the animal's blood on the altar, man recognized that God was the author of life. In this way he thanked God and asked for forgiveness and help. But Melchizedek did not offer an animal as was customary, but rather bread and wine. He knew that by offering the bread and wine he was acknowledging God as the author of life. The bread and wine are the fruit of the earth and the work of man and signify human life. In some mysterious way he was offering God the same elements that centuries later would be offered by Our Lord as the bread of life and the chalice of salvation.

In today's Gospel we see how people always followed Jesus Christ and listened to him with attention and hope. To such an extent that following him they even forgot to eat. And it is that the words of Jesus always fill hearts with peace. It was so important for them to be close to the Lord and listen to Him that they didn't even think about food. Jesus Christ, seeing this, wanted to show that crowd that believed in Him that He was really interested in their shortcomings and problems, including the material shortages they had. With a few loaves he fed everyone. He did not do this to publicize his great powers and gain popularity. It was out of a real interest in those present. I wanted to indicate to you with that sign that He was the bread that brings you life.

Saint Paul says in the Second Reading today that; "The Lord Jesus, on the night they were going to deliver him, took a loaf and, pronouncing thanksgiving, broke it and said: 'This is my body, which is given for you. Do this in memory of me.'" (1 Corinthians 11:23) They were left confused but with new hope. Since then, when celebrating the Holy Eucharist, we take and eat the consecrated bread and become the Body and Blood of Christ just as he told us we should. The Holy Eucharist indicates the relationship we have with God and with our brothers and sisters. The Lord is present in a real way in the bread and wine on the altar. When we receive him in Holy Communion we join him and others as a family. Let us show him daily that we joyfully acknowledge the joy of being able to be with him always in the Blessed Sacrament.

Décimo Domingo del Tiempo Ordinario

Ciclo C Tomo 3
Lecturas: (L1) 1 Reyes 17, 17-24 (L2) Gálatas 1, 11-19 (Ev) Lucas 7, 11-17

Hoy el Evangelio y la Primera Lectura nos muestran dos acontecimientos separados por varios siglos que son muy similares.

La Primera Lectura es del Antiguo Testamento, precisamente del primer libro de Reyes. Se trata de. El profeta Elías estaba en casa de una viuda cuando su hijo enfermó y murió. Pero cuando Elías le pidió al Señor que resucitara al joven, más que una oración, fue una señal de su fe en Dios. Sabía que ante Dios nada puede morir. Elías no fue el que resucitó al hijo de la señora de la casa, fue obra de Dios. Solo Dios puede vencer a la muerte. Y al resucitar al hijo de la viuda de Naím, Jesús nos muestra que él es Dios.

La Primer Lectura es como un trasfondo que la Iglesia ha recogido del Antiguo Testamento para subrayar la importancia de la historia de Jesús resucitando al hijo de la viuda. La mayoría de los judíos y probablemente muchos de los gentiles también habían escuchado la historia del hijo de la viuda que Elías había resucitado. Por eso, además de las personas que habían presenciado el milagro, los judíos y gentiles que escucharan esta parte del Evangelio hubieran reconocido en el milagro que aunque a primera vista el milagro era igual, en realidad, no lo fueron. Y esto es porque Jesús era diferente al Profeta Elías.

El milagro del Señor, es a primera vista casi igual a lo que escuchamos en la primera lectura. Pero hay una diferencia muy importante que debemos tener en cuenta. Veamos cual es. El profeta Elías estaba en casa de una viuda cuando su hijo enfermó y murió. Pero cuando Elías le pidió al Señor que resucitara al joven, más que una oración, fue una señal de su fe en Dios. Sabía que ante Dios nada puede morir. Sin embargo, tuvo que pedirle a Dios tres veces para que el hijo resucitara. Elías no fue él quien resucitó al hijo de la señora de la casa. El milagro fue obra de Dios.

San Lucas nos dice en el Evangelio que hemos escuchado que Jesús y sus discípulos se dirigían a un pequeño pueblo llamado Naím. Lo acompañaban sus discípulos y un grupo grande de personas que lo seguían. Al entrar en la ciudad, vio un cortejo funerario. Un hombre joven había muerto y el cortejo iba rumbo al cementerio con el cuerpo. Jesús se enteró de que el difunto era el hijo único de una viuda. E inmediatamente el Señor mostro su interés en el asunto. Y Jesús le dijo a la madre del difunto: *"No llores"*. Cristo sabía que no había razón para llorar ya que el final sería feliz. Había decidido resucitar al hijo muerto de la viuda. Y, siendo Dios, no había duda que podía hacerlo si quería hacerlo. Luego, acercándose al difunto, dijo: *"¡Muchacho, a ti te lo digo, levántate!"* E inmediatamente el joven se puso de pie y comenzó a hablar. Y Jesús se lo dio a su madre.

Los cuatro evangelistas nos dicen que Jesús resucitó directamente no solo al hijo de la viuda de Naím, Resucito a otras personas, como por ejemplo, su amigo Lázaro y la hija de Jairo. Claro está que el Señor también nos resucitará. De la vida que hemos vivido en este mundo dependerá si, después de que resucitemos, el Señor nos hable con dulzura, como a la viuda de Naím, o con dureza. Lo que hagamos en esta vida decidirá si terminamos en el cielo o en el infierno. Todavía tenemos tiempo para asegurarnos que cuando Cristo nos resucite, nos dará la gloria que ha prometido a los que le son fieles. No debemos mirar a la muerte con miedo. Si estamos preparados, no hay razón para temerla.

Desde el momento de nuestra concepción, el Señor nos llama a seguirle. En nosotros está decidir si vamos a responder positivamente a esa llamada. Tenemos que prepararnos para el momento final de nuestra vida terrenal, que algún día llegará. San Agustín dijo que aunque no podemos fijar el día, el lugar, la forma externa de morir, sí podemos fijar el cómo. Podemos preverlo: se muere según se vive.

Tenth Sunday of Ordinary Time

Cycle C Book 3
Readings: (R1) 1 Kings 17:17-24 (R2) Galatians 1:11-19 (Gos) Luke 7:11-17

Today the Gospel and the First Reading show us two events separated by several centuries that are very similar.

The First Reading is from the Old Testament, precisely from the first book of Kings. The prophet Elijah was at the home of a widow when her son fell ill and died. But when Elijah asked the Lord to resurrect the young man, more than a prayer, it was a sign of his faith in God. He knew that before God nothing can die. Elijah was not the one who resurrected the son of the lady of the house, it was God's work. Only God can defeat death. And by resurrecting the son of the widow of Naim, Jesus shows us that he is God.

The First Reading is like a background that the Church has collected from the Old Testament to underline the importance of the story of Jesus raising the widow's son. Most of the Jews and probably many of the Gentiles had also heard the story of the widow's son that Elijah had resurrected. Therefore, in addition to the people who had witnessed the miracle, the Jews and Gentiles who heard this part of the Gospel would have recognized in the miracle that although at first glance the miracle was the same, in reality, they were not. And this is because Jesus was different from the Prophet Elijah.

The miracle of the Lord is at first glance almost the same as what we heard in the first reading. But there is a very important difference that we must take into account. Let's see what it is. The prophet Elijah was at the home of a widow when her son fell ill and died. But when Elijah asked the Lord to resurrect the young man, more than a prayer, it was a sign of his faith in God. He knew that before God nothing can die. However, he had to ask God three times for the son to be resurrected. Elijah was not the one who resurrected the son of the lady of the house. The miracle was God's work.

Saint Luke tells us in the Gospel that we have heard that Jesus and his disciples were going to a small town called Naim. He was accompanied by his disciples and a large group of people who followed him. As he entered the city, he saw a funeral procession. A young man had died and the procession was heading to the cemetery with the body. Jesus learned that the deceased was the only child of a widow. And immediately the Lord showed his interest in the matter. And Jesus said to the mother of the deceased: "Don't cry." Christ knew there was no reason to cry as the end would be happy. He had decided to resurrect the dead son of the widow. And, being God, there was no question that he could do it if he wanted to. Then, approaching the deceased, he said: "Boy, I tell you, get up!" And immediately the young man stood up and began to speak. And Jesus gave it to his mother.

The four evangelists tell us that Jesus personally resurrected not only the son of the widow from Naim; He raised other people from the dead, such as his friend Lazarus and the daughter of Jairus. Of course, the Lord will also resurrect us. It will depend on the life we have lived in this world whether, after we are resurrected, the Lord speaks to us sweetly, as to the widow of Naim, or harshly. What we do in this life will decide whether we end up in heaven or hell. We still have time to make sure that when Christ resurrects us, he will give us the glory that he has promised to those who are faithful to him. We must not look at death with fear. If we are prepared, there is no reason to fear it.

From the moment of our conception, the Lord calls us to follow him. It is up to us to decide if we are going to respond positively to that call. We have to prepare for the final moment of our earthly life, which will one day come. Saint Augustine said that although we cannot schedule the day, the place, the external way of dying, we decide can establish how we die. We can foresee it: we die as we live.

Undécimo Domingo del Tiempo Ordinario
Ciclo C Tomo 3
Lecturas: (L1) 2 Samuel 12, 7-10. 13 (L2) Gálatas 2, 16. 19-21 (Ev) Lucas 7, 36-8, 3

El domingo pasado escuchamos en el Evangelio como Jesús resucitó el hijo de la viuda de Naím. Después de resucitar el joven, el Evangelio dice que "El muerto se incorporó y empezó a hablar, y Jesús se lo entregó a su madre". El domingo anterior escuchamos como Jesús curó el siervo del centurión romano en Cafarnaúm. Ese es el sitio donde el Señor dijo que no había visto en todo Israel una persona que tenía tanta fe como el centurión, que era un pagano. En ambos casos, Jesús mostró su poder sobre el mundo físico. Solo Dios puede resucitar a una persona que ha muerto Solo Dios puede curar a una persona gravemente enferma que está a punto de morir. Pero Jesús no hizo estos milagros para mostrar su poder, para mostrar que podía hacer cosas que eran imposibles para los seres humanos normales y corrientes. En ambos casos, el Señor realizo un milagro por dos razones: porque había una necesidad que solo Él podía remediar y podía ver que la persona que pedía el milagro tenía fe en Él.

Jesús *"curó a muchos de enfermedades, aflicciones y malos espíritus, y a muchos ciegos les dio la vista"*. (Lucas 7, 21) Precisamente por sus muchos milagros, había dudas sobre quien era Jesús. Hasta San Juan el Bautista había mandado algunos de sus discípulos para preguntarle a Jesús si era el Mesías. Entre los Fariseos también había dudas sobre quien era Jesús. Hoy hemos escuchado como un Fariseo llamado Simón invitaba a Cristo a cenar en su casa. Tal vez Simón invitó a Cristo a su casa para hablar con Él y ver si podía averiguar quién era, en realidad. Lo que sí sabemos es que no mostró ningún aprecio a Nuestro Señor. Más bien fue completamente descortés con Él. En aquella época la costumbre judía era que cuando un anfitrión invitaba a su casa a otro judío lo recibía con agua para lavarse las manos y los pies y ungüento perfumado para quitar los malos olores de la calle. Simón el Fariseo omitió esta costumbre de hospitalidad y, de esta manera, mostró más bien ningún miramiento hacia su huésped de honor. Es probable que Jesús, siendo judío también, lo notara inmediatamente y sintió que no era bienvenido en esa casa.

Por eso, cuando entró la mujer pecadora y, mostrando su gran dolo por sus pecados, lavo los pies del Señor con sus lágrimas y los seco con su cabello y además le ungió la cabeza con ungüentos perfumados caros, el Señor estaba dispuesto a perdonarle sus pecados. Curándola de una manera espiritual. Limpiando su alma de toda enfermedad espiritual. Esta mujer que había cometido muchos pecados le dio todo lo que el anfitrión no le había ofrecido y más. Todo lo que pidió fue ser limpiada de sus pecados.

Los Fariseos se creían superiores a la gente común porque decían que ellos seguían los mandamientos de la ley a raja tabla. Pero no mostraban su dolor por sus pecados, no trataban de arrepentirse y volver a Dios, que es lo que Dios estaba esperando de ellos. Por eso Cristo reprochó al fariseo diciéndole que la mujer pecadora le había dado la bienvenida como era debido. Y hablando de la mujer, Cristo le dijo al Fariseo, *"Por lo cual te digo que sus pecados, que son muchos, han sido perdonados, porque amó mucho; pero a quien poco se le perdona, poco ama"*. Y entonces Jesús le dijo a la mujer: *"Tus pecados han sido perdonados"*. La mujer pecadora, mostrando su gran dolor y remordimiento, fue perdonada sus pecados. El Fariseo, aunque había invitado al Señor a cenar en su casa, no había mostrado ese mismo sentimiento. No podía ser perdonado el Fariseo porque no había pedido perdón. No se puede sentir remordimiento cuando se rehúsa reconocer que se ha pecado. El Señor dice que *"habrá más gozo en el cielo por un pecador que se arrepiente que por noventa y nueve justos que no necesitan arrepentimiento"*. (Lucas 15, 7). Podemos sentir remordimiento por el pecado, pero esto no precisamente resulta en volverse a Dios. Cuando Judas sintió remordimiento por traicionar a Jesús, miró atrás con remordimiento, pero nunca volvió a Cristo con arrepentimiento genuino. La mujer pecadora del Evangelio se postró ante el Maestro y lloró sus pecados. Y eso es lo que el Señor quiere que hagamos nosotros, que nos arrepintamos, volvamos a Él y pidamos perdón.

Eleventh Sunday of Ordinary Time

Cycle C Book 3
Readings: (R1) 2 Samuel 12:7-10, 13 (R2) Galatians 2:16, 19-21 (Gos) Luke 7:36-8:3

Last Sunday we heard in the Gospel how Jesus resurrected the son of the widow of Naim. After resurrecting the young man, the Gospel says that "*The dead man sat up and began to speak, and Jesus gave him to his mother.*" The previous Sunday we heard how Jesus healed the Roman centurion's servant in Capernaum. That is the place where the Lord said that he had not seen in all Israel a person who had as much faith as the centurion, who was a pagan. In both cases, Jesus showed his power over the physical world. Only God can resurrect a person who has died. Only God can heal a seriously ill person who is about to die. But Jesus did not perform these miracles to show his power, to show that he could do things that were impossible for ordinary human beings. In both cases, the Lord performed a miracle for two reasons: because there was a need that only He could remedy and He could see that the person asking for the miracle had faith in Him.

Jesus *"healed many of diseases, afflictions, and evil spirits, and gave sight to many who were blind."* (Luke 7:21) Precisely because of the many miracles he performed, there were doubts about who Jesus was. Even Saint John the Baptist had sent some of his disciples to ask Jesus if he was the Messiah. Among the Pharisees there were also doubts about who Jesus was. Today we heard how a Pharisee named Simon invited Christ to dinner at his house. Maybe Simon invited Christ into his home to talk to Him and see if He could find out who Jesus really was. What we do know is that he did not show any appreciation for Our Lord. Rather, He was completely rude to Him. At that time the Jewish custom was that when a host invited another Jew to his home, he would receive him with water to wash his hands and feet and perfumed ointment to remove bad smells from the street. Simon the Pharisee omitted this custom of hospitality and, in this way, showed no regard for his honored guest. It is probable that Jesus, being a Jew too, noticed it immediately and felt that he was not welcome in that house.

Therefore, when the sinful woman entered and, showing her great sorrow for her sins, washed the Lord's feet with her tears and dried them with her hair, and also anointed her head with expensive perfumed ointments, the Lord was willing to forgive her sins; healing her in a spiritual way, cleansing her soul of all spiritual sickness. This woman who had committed many sins gave him everything that the host had not offered and more. All she asked was to be cleansed of her sins.

The Pharisees believed they were superior to the common people because they said that they followed the commandments of the law strictly. But they did not show their pain for their sins, they did not try to repent and return to God, which is what God was expecting of them. That is why Christ rebuked the Pharisee by telling him that the sinful woman had welcomed him properly. And speaking of the woman, Christ said to the Pharisee, "*So I tell you, her many sins have been forgiven; because she has shown great love. But the one to whom little is forgiven, loves little.*" And then Jesus said to the woman, *"Your sins have been forgiven."* The sinful woman, showing her great pain and remorse, was forgiven her sins. The Pharisee, although he had invited the Lord to dinner at his house, had not shown that same feeling. The Pharisee could not be forgiven because he had not asked for forgiveness. You cannot feel remorse when you refuse to acknowledge that you have sinned. The Lord says that *"there will be more joy in heaven for one sinner who repents than for ninety-nine righteous who need no repentance."* (Luke 15: 7). We may feel remorse for sin, but this does not exactly result in turning to God. When Judas felt remorse for betraying Jesus, he looked back with remorse, but he never turned to Christ with genuine repentance. The sinful woman of the Gospel fell down before the Master and wept for her sins. And that is what the Lord wants us to do, to repent, return to Him and ask for forgiveness.

Duodécimo Domingo del Tiempo Ordinario

Ciclo C Tomo 3
Lecturas: (L1) Zacarías 12. 10-11; 13, 1 (L2) Gálatas 3, 26-29 (Ev) Lucas 9, 18-24

El Evangelio que hemos escuchado nos enseña cómo ocurrieron los hechos en el Monte Tabor durante lo que hoy en día llamamos la Transfiguración. Unos días antes, Jesús les había comunicado a sus discípulos en Cesárea de Filipo que Él tendría que padecer mucho en Jerusalén. Y también les dijo que sería juzgado y ejecutado. Los apóstoles se quedaron tristes y preocupados al oír lo que les decía el Maestro. Ocho días después, Jesús tomó a Pedro, Santiago y Juan, y los llevó con El aparte, para orar. Estos tres discípulos son los que más tarde presenciarían y serían testigos de la agonía de Jesús en el huerto de los Olivos. Pero aquel día en el Monte Tabor, como hacía Jesús las cosas, ocurrió algo maravilloso. Mientras Nuestro Señor oraba, en un instante, fue transfigurado, o sea, cambió el aspecto de su rostro y de sus vestiduras. Y vieron, por un instante, un poco de cómo es Dios en toda su gloria, el cuerpo humano, divinizado y glorificado de Jesús. En seguida, los apóstoles vieron a Jesús conversando con el profeta Elías y el patriarca Moisés. Estos también aparecían gloriosos, igual que Jesús.

La gloria divina que presenciaron los tres apóstoles les llenó de inmensa alegría. Hasta tal punto que San Pedro exclamó: *"qué felicidad es estar aquí; levantemos tres chozas: una para ti, otra para Moisés y otra para Elías."* San Pedro nos enseña, aquí, su generosidad y su afán de pensar solo en Jesús. Prestemos atención lo que dijo, *"una para ti, otra para Moisés y otra para Elías"*, pero no pensó en una choza para él o sus compañeros. Lo que quería era alargar aquella sensación de felicidad, esa paz que se recibe cuando se está con el Señor. Jesús sabía que lo que había dicho a sus apóstoles sobre su pasión y muerte no lo habían entendido y también sabía que los había dejado desconcertados. Seguramente fue por eso que quiso quitarles parte de esa tristeza y les dejó ver aquella grandiosidad que solo se puede ver y apreciar en el cielo.

Nuestra existencia debe ser un largo caminar hacia el Cielo, que es nuestra verdadera morada. Aquí en esta tierra estamos como cuando vamos de viaje: de paso. Es por eso que no debemos cargarnos con demasiadas cosas materiales, sino cosas espirituales, así será más fácil nuestro viajar. Esa felicidad de la gloria de Dios que San Pedro y sus compañeros vieron en el Monte Tabor la vamos a tener nosotros en plenitud en la vida eterna, si sabemos vivir la vida aquí en la tierra con dignidad y amor a Cristo. Para vencernos, y para vencer el pecado, durante todo el año, debemos pensar en esa gloria que nos ha prometido nuestro Señor. Pecaremos menos si en nuestra mente está la necesidad de caminar con dignidad para ganar el cielo.

El cristiano que trata de seguir a Cristo, obedeciendo los mandamientos, sabe muy bien que el camino es a veces áspero y difícil. Siempre vamos a encontrar personas en desacuerdo con nuestra fe y nuestra manera de seguir a Cristo, especialmente en esta sociedad donde hay mucha gente, incluso entre cristianos practicantes, que llevan su fe a su manera y a su conveniencia. Muchas veces tendremos que ir contra corriente. Pero sabemos que la vida de un cristiano que trata de seguir las enseñanzas de Jesús exige humildad para aceptar todo lo que Él nos pide, nos pide que tratemos de ir aumentando nuestra fe, que aceptemos cada cruz que se nos puede presentar.

Las cruces se nos pueden manifestar de diferentes maneras. Puede ser la pérdida por accidente de un ser querido, dificultades en la familia, escasez o pérdida de bienes materiales, enfermedades, o sentirnos poco aceptados por otros. Todas estas cruces, y otras más, si sabemos llevarlas con dignidad, serán una señal de que estamos siguiendo a Jesús plenamente.

Tengamos siempre en mente lo que Jesús enseñó a sus discípulos: antes de llegar a la gloria hay que pasar por el Calvario, como Él lo hizo, llevando nuestras cruces diarias con entereza y ofreciéndolas a Él.

Twelfth Sunday of Ordinary Time
Cycle C Book 3
Readings: (R1) Zechariah 12:10-11; 13:1 (R2) Galatians 3:26-29 (Gos) Luke 9:18-24

The Gospel that we have heard teaches us how the events occurred on Mount Tabor during what we now call the Transfiguration. A few days earlier, Jesus had communicated to his disciples in Caesarea Philippi that He would have to suffer much in Jerusalem. And he also told them that he would be tried and executed. The apostles were sad and worried when they heard what the Master was saying. Eight days later, Jesus took Peter, James, and John, and took them aside with Him to pray. These three disciples are the ones who would later witness and witness the agony of Jesus in the Garden of Olives. But that day on Mount Tabor, as Jesus did things, something wonderful happened. While Our Lord was praying, in an instant, he was transfigured, that is, the appearance of his face and his clothes changed. And they saw, for an instant, a little of what God is like in all his glory, the human, deified and glorified body of Jesus. Next, the apostles saw Jesus conversing with the prophet Elijah and the patriarch Moses. These also appeared glorious, just like Jesus.

The divine glory that the three apostles witnessed filled them with immense joy. To such an extent that Saint Peter exclaimed: "what happiness it is to be here; let's build three huts: one for you, one for Moses and one for Elijah." Here, Saint Peter teaches us his generosity and his eagerness to think only of Jesus. Let's pay attention to what he said, "one for you, one for Moses and one for Elijah," but he did not think of a hut for him or his companions. What I wanted was to extend that feeling of happiness, that peace that comes when one is with the Lord. Jesus knew that what he had told his apostles about his passion and death they had not understood and he also knew that he had left them bewildered. Surely that was why he wanted to take away some of that sadness and let them see that grandeur that can only be seen and appreciated in the sky.

Our existence must be a long walk towards Heaven, which is our true abode. Here on this earth we are like when we go on a trip: passing through. That is why we should not load ourselves with too many material things, but spiritual things, so our travel will be easier. We are going to have that happiness of the glory of God that Saint Peter and his companions saw on Mount Tabor in fullness in eternal life, if we know how to live life here on earth with dignity and love for Christ. To conquer ourselves, and to conquer sin, throughout the year, we must think of that glory that our Lord has promised us. We will sin less if in our mind is the need to walk with dignity to win heaven.

The Christian who tries to follow Christ, obeying the commandments, knows very well that the road is sometimes rough and difficult. We will always find people who disagree with our faith and our way of following Christ, especially in this society where there are many people, even among practicing Christians, who carry their faith in their own way and at their convenience. Many times we will have to go against the current. But we know that the life of a Christian who tries to follow the teachings of Jesus requires humility to accept everything He asks of us, he asks us to try to increase our faith, to accept every cross that can be presented to us.

The crosses can manifest to us in different ways. It can be the accidental loss of a loved one, difficulties in the family, shortage or loss of material goods, illnesses, or feeling little accepted by others. All these crosses, and others, if we know how to carry them with dignity, will be a sign that we are fully following Jesus.

Let us always keep in mind what Jesus taught his disciples: before reaching glory, we must go through Calvary, as He did, carrying our daily crosses with integrity and offering them to Him.

Decimotercero Domingo del Tiempo Ordinario
Ciclo C Tomo 3
Lecturas: (L1) 1 Reyes 19, 16b. 19-21 (L2) Gálatas 5, 1. 13-18 (Ev) Lucas 9, 51-62

Las lecturas de hoy nos ayudan a meditar sobre las exigencias que la vocación de cada cristiano tiene en el servicio a Dios y a la humanidad. Nos enseñan a no desanimarnos cuando tenemos problemas en nuestro ministerio, a no mirar hacia atrás y a mejorar nuestras vidas tratando de acercarnos más a Dios.

Vemos en la primera lectura que al escuchar la llamada de Dios el joven Eliseo tuvo que abandonar a su familia casi sin tiempo para despedirse de su anciano padre. Durante su vida de profeta de Dios, Eliseo sintió muchas veces el rechazo y el odio de quienes, por maldad, no querían escuchar sus palabras. Pero él sabía que la llamada de Dios significaba sacrificio. Nunca rechazó su vocación. Aceptó su misión de profeta con valentía dándonos un gran ejemplo de su fe en Dios.

El evangelio de hoy nos muestra la valentía que tuvo Nuestro Señor al subir a Jerusalén. Esto nos debe decir mucho a los cristianos. Seguir a Cristo es un desafío y una gran responsabilidad. Los primeros cristianos sabían mucho sobre esto. Sabían que declararse cristiano podía significar la cárcel e incluso el martirio. Muchos decidieron no seguir a Jesús porque era mucho más cómodo y seguro no ser cristiano. Hoy en día, el declararnos cristianos no supone el peligro de ir a la cárcel o ser ejecutados. En esta sociedad en que vivimos se acepta la libertad religiosa y no hay ese peligro. Sin embargo sigue habiendo dificultades en vivir la fe en Cristo. El cristiano que se toma en serio su fe, tiene que renunciar a mucho de lo que el mundo le dice que es placentero. Ser cristiano puede ser incómodo e incluso, a veces, hasta doloroso especialmente si queremos practicar nuestra fe en un ambiente que es cada día más pagana; especialmente si queremos mostrar nuestro amor a Dios.

Es increíblemente difícil para muchas personas ver que en sus propias familias hay personas que no creen en Dios. También hay casos de familiares, especialmente entre los jóvenes, que han dejado la fe de sus antepasados para entrar en una secta o convertirse a otra religión. Muchas veces estos nuevos grupos que han encontrado odian a nuestra iglesia y las enseñanzas de Cristo. Los Samaritanos de los cuales leemos tanto en el Nuevo Testamento, eran descendientes de judíos que vivían en el norte de lo que hoy en día es Israel. Cuando su país fue conquistado por los asirios en 721 a.C., muchos de los israelitas fueron llevados cautivos a Asiria, pero algunos permanecieron en la tierra y se casaron con extranjeros plantados allí por los asirios. El pueblo samaritano de los tiempos de Jesús era mitad judío y mitad gentil y a través de los anos, los samaritanos habían llegado a odiar a los judíos tanto como los judíos a los samaritanos. Esa fue la razón que, al enterarse que iban los apóstoles y Nuestro Señor hacia Jerusalén, los samaritanos no les dieron el acogimiento ni la ayuda que tenían por costumbre esperar los apóstoles. El Evangelio nos dice que cuando regresaron los apóstoles y le contaron al Maestro lo sucedido estaban muy enfadados y le preguntaron, "¿Quieres *que hagamos bajar fuego del cielo para que acabe con ellos?*" El Señor les reprendió porque no le gustó esa actitud y les envió a otra aldea cercana. No necesitamos ser perseguidos hasta la muerte para mostrar nuestros valores cristianos la vida. Tenemos muchas oportunidades para mostrar la fraternidad cristiana que debemos tener al seguir a Cristo. Los cristianos estamos llamados a dar testimonio de nuestra fe en el ambiente que nos rodea. Y este ambiente puede ser, a veces, adverso u hostil. Los mismos miembros de nuestras familias, los compañeros de trabajo e incluso los que consideramos que son nuestros amigos pueden burlarse de nosotros o no tratar de comprendernos. En todas estas situaciones diarias podemos hallar un ejemplo en el ejemplo del Señor. Jesús sabía que había personas que no querrían escuchar sus palabras. Pero no los odiaba por eso. Simplemente oraba por ellos.

En la Santa Misa, los cristianos conmemoramos el sacrificio valeroso que hizo el Señor por nuestra liberación. En esta sociedad en que vivimos es preciso hacer firme nuestra decisión de seguir a Cristo. Pidamos al Señor que nos ayude a cumplir todas las exigencias de nuestra fe y de nuestra vocación. Debemos ser valientes cuando hay que defender nuestra fe ante los que quieren cambiarla a su antojo.

Thirteenth Sunday of Ordinary Time
Cycle C Book 3
Readings: (R1) 1 Kings 19:16b, 19-21 (R2) Galatians 5:1, 13-18 (Gos) Luke 9: 51-62

Today's readings help us to meditate on the demands that the vocation of each Christian has in the service of God and humanity. They teach us not to get discouraged when we have problems in our ministry, not to look back and improve our lives by trying to get closer to God.

We see in the first reading that upon hearing the call of God, the young Elijah had to leave his family almost without time to say goodbye to his elderly father. During his life as a prophet of God, Elijah felt many times the rejection and hatred of those who, out of evil, did not want to hear his words. But he knew that God's call meant sacrifice. He never rejected his calling. He accepted his mission as a prophet with courage, giving us a great example of his faith in God.

Today's Gospel shows us the courage that Our Lord had in going up to Jerusalem. This should say a lot to us Christians. Following Christ is a challenge and a great responsibility. The early Christians knew a lot about this. They knew that declaring themselves a Christian could mean jail and even martyrdom. Many chose not to follow Jesus because it was much more comfortable and safe not to be a Christian. Today, declaring ourselves Christians does not pose the danger of going to jail or being executed. In this society we live in, religious freedom is accepted and there is no such danger. However, there are still difficulties in living faith in Christ. The Christian who takes his or her faith seriously has to renounce much of what the world tells him is pleasant. Being a Christian can be uncomfortable and even, at times, painful especially if we want to practice our faith freely and publicly in an environment that is increasingly pagan; especially if we want to show our love for God.

It is incredibly difficult for many to see that there are people in their own families who do not believe in God. There are also cases of relatives, especially among young people, who have left the faith of their ancestors to enter a sect or convert to another religion. Many times these new groups that they have found hate our church and the teachings of Christ. The Samaritans of whom we read so much in the New Testament were descendants of Jews who lived in the north of what is now Israel. When their country was conquered by the Assyrians in 721 BC, many of the Israelites were taken captive to Assyria, but some remained in the land and married foreigners placed there by the Assyrians. The Samaritans of Jesus' time were half Jewish and half Gentile, and over the years they had come to hate the Jews as much as the Jews the Samaritans. That was the reason that, upon learning that the apostles and Our Lord were going to Jerusalem, the Samaritans did not give them the welcome or the help that the apostles used to expect. The Gospel tells us that when the apostles returned and told the Master what had happened they were very angry and asked him, *"Do you want us to bring down fire from heaven to destroy them?"* The Lord rebuked them because he did not like this attitude and sent them to another nearby village. We don't need to be persecuted to death to show our Christian life values. We have many opportunities to show the Christian fraternity that we should have as we follow Christ. Christians are called to bear witness to our faith in the environment that surrounds us. And this environment can be, at times, adverse or hostile. Our own family members, co-workers, and even those we consider to be our friends may make fun of us or not try to understand us. In all these daily situations we can find an example in the example of the Lord. Jesus knew that there were people who would not want to hear his words. But he didn't hate them for it. He just prayed for them.

At Holy Mass, Christians commemorate the courageous sacrifice the Lord made for our liberation. In this society in which we live, it is necessary to make ours a firm decision to follow Christ. Let us ask the Lord to help us meet all the demands of our faith and our vocation. We must be brave when it comes to defending our faith against those who want to change it at will.

Decimocuarto Domingo del Tiempo Ordinario

Ciclo C Tomo 3
Lecturas: (L1) Isaías 66, 10-14c (L2) Gálatas 6, 14-18 (Ev) Lucas 10, 1-12. 17-20

Cuando el Señor envió a los setenta y dos discípulos a predicar su palabra, su mensaje de esperanza y paz para todo el mundo. El mensaje era simple: "El reino de Dios está cerca de ti". Desde que aquellos primeros discípulos fueron enviados a predicar la Buena Nueva, los cristianos han sido elegidos y enviados por el Señor para anunciar y vivir la realidad del Reino de Dios, para llevar la paz de Cristo a todos los seres humanos y lo hacemos con alegría. . Sin embargo, al hacerlo, a veces notamos que la paz de la que se habla mucho en este mundo no es la paz que da el Señor.

La palabra "paz" se menciona mucho estos días, especialmente en las noticias. A menudo escuchamos en la televisión que un país está negociando un tratado de paz con un país vecino. Pero nos parece que la paz nunca ha estado más lejos de este mundo de lo que está hoy. En los países, en las comunidades e incluso en muchas familias, en todos los niveles de nuestro entorno, la vida cotidiana tiene poco que ver con la paz. Además de las guerras abiertas, hay luchas entre razas, entre clases sociales, entre partidos. Hay terrorismo, guerrilla, secuestros, atentados, inseguridad, conflictos y violencia. Incluso dentro de las propias familias hay resentimientos, acusaciones y recriminaciones. Todos dicen que buscan la "paz", pero muchos dicen que no pueden encontrarla. A veces parece que no hay paz ni en la sociedad, ni en las familias, ni en las almas.

Han pasado tantos años desde que Cristo dijo que el Reino de paz y esperanza de Dios estaba cerca, pero no se ha establecido entre nosotros. El mundo no está en paz. Clama por la verdadera paz con esperanza y la quiere con todo su corazón pero no puede encontrarla. Ni dentro de las familias, ni en las comunidades, ni en muchas naciones, se ve la paz. Últimamente hemos visto que a pesar de que no hay guerras abiertas entre personas, comunidades o países tampoco hay paz. Hay luchas entre razas, entre clases sociales, entre partidos. Hay terrorismo, guerrilla, secuestros, atentados, inseguridad, conflictos y violencia. Incluso en las familias hay resentimientos, acusaciones y recriminaciones. No hay paz ni en la sociedad, ni en las familias, ni en las almas.

¿Cuál es la causa de la falta de paz? ¿Por qué tanta conmoción y violencia? Si todos dicen que quieren la paz, ¿por qué tanta inquietud en el alma? La razón es simple. El mundo busca la paz en lugares y situaciones en los que es imposible encontrarla. Busca la paz en las cosas de este mundo, pero la paz verdadera, la paz duradera, solo puede venir de Dios. Es un don divino que supera todo entendimiento que solo se encuentra donde hay buena voluntad. Solo les llega a quienes llevan su vida "como Dios quiere" como dicen. Y la paz que trae consigo el gozo, ni el mundo, ni el dinero, ni nada aquí en esta tierra puede dársela. Es dado gratuitamente por Dios.

Como discípulos de Cristo de hoy en día, hemos sido enviados para llevar la paz a todos. Debemos anunciar a todos que la verdadera paz se basa en la justicia. Es decir, en el respeto y amor debido a todo ser humano. Y sabemos muy bien que donde comienza la paz mundial es en el corazón de cada persona.

Los cristianos que viven una vida de fe ordenada viven una vida que proyecta una atmósfera de paz y serenidad. La gente busca su compañía y trata de ser como ellos. Los católicos saben que para nosotros las fuentes de la paz son la Santa Misa, la oración ante el Santísimo Sacramento y la confesión. Si vemos que la inquietud, la tristeza o la angustia comienzan a apoderarse de nuestro corazón, pidamos al Señor que nos ayude a recuperar la paz y la alegría de saber que Dios nos ama. Como decía santa Teresa de Ávila: *"Nada te perturbe, nada te espante, quien tiene a Dios, nada le falta, sólo Dios basta"*.

Pidamos a Nuestra Señora, la Virgen María, con humildad, que interceda ante su Hijo por nosotros y que nos dé la paz y la tranquilidad que solo Él puede darnos.

Fourteenth Sunday of Ordinary Time

Cycle C Book 3
Readings: (R1) Isaiah 66:10-14c (R2) Galatians 6:14-18 (Gos) Luke 10:1-12, 17-20

When the Lord sent out the seventy-two disciples, they were to preach his word, his message of hope peace to the whole world. The message was simple: "The kingdom of God is near you." Since those first disciples were sent out to preach the Good News, Christians have been chosen and sent by the Lord to announce and live the reality of the Kingdom of God, to bring the peace of Christ to all human beings and we do so with joy. However, in doing so, we sometimes notice that the peace that is talked about a lot in this world is not the peace that the Lord gives.

The word "peace" is mentioned a lot these days, especially in the news. We often hear on television that a country is negotiating a peace treaty with a neighboring country. But it seems to us that peace has never been further away from this world than it is today. In countries, in communities, and even in many families, at all levels of our environment, daily life has little to do with peace. Besides open wars there are struggles between races, between social classes, between parties. There is terrorism, guerrillas, kidnappings, attacks, insecurity, conflicts, and violence. Even within families there are resentments, accusations, and recriminations. Everyone says they are looking for "peace" but many say that they cannot find it. At times it seems that there is no peace in society, in families, in souls.

So many years have passed since Christ said that God's Kingdom of peace and hope was near, yet it has not been established among us. The world is not at peace. It cries out for true peace with hope and wants it with all its heart but cannot find it. Neither within families, nor in communities, nor in many nations, is peace seen. Lately we have seen that even though there are no open wars between people, communities or countries there is still no peace either. There are struggles between races, between social classes, between parties. There is terrorism, guerrillas, kidnappings, attacks, insecurity, conflicts, and violence. Even in families there are resentments, accusations, and recriminations. There is no peace in society, in families, in souls.

What is the cause of the lack of peace? Why so much commotion and violence? If everyone says they want peace, why so much restlessness in their souls? The reason is simple. The world is looking for peace in places and situations where it is impossible to find it. It seeks peace in the things of this world but true peace, lasting peace, can only come from God. It is a divine gift that exceeds all understanding that is only found where there is good will. It only comes to those who lead their lives "as God intends" as they say. And the peace that joy brings with it, neither the world, nor money, nor anything here on this earth can give it. It is freely given by God.

As modern day disciples of Christ, we have been sent to bring peace to all. We must announce to all that true peace is founded on justice. That is, in the respect and love due to every human being. And we know very well that where world peace begins is in the heart of each person.

Christians who live an orderly life of faith live a life that projects an atmosphere of peace and serenity. People seek their company and try to be like them. Catholics know that for us the sources of peace are the Holy Mass, prayer before the Blessed Sacrament and confession. If we see that restlessness, sadness and anguish are beginning to enter into our hearts, let us ask Our Lord to help us recover the peace and joy of knowing that God loves us. As Saint Teresa of Avila said, "Let nothing disturb you, let nothing frighten you, whoever has God, lacks nothing, God is enough."

Let us ask Our Lady, the Virgin Mary, with humility to intercede with her Son for us so that He will give us the peace and tranquility that only He can give us.

Decimoquinto Domingo del Tiempo Ordinario
Ciclo C Tomo 3
Lecturas: (L1) Deuteronomio 30, 10-14 (L2) Colosenses 1,15-20 (Ev) Lucas 10, 25-37

El buen cristiano actúa haciendo obras de amor y misericordia porque sabe que de otra manera no puede disfrutar de la vida cristiana, es decir, la vida eterna de la que Cristo habló tantas veces. Para que no tuviéramos dudas sobre cómo debemos amar a nuestro prójimo, Jesús usó la parábola del buen samaritano. Esta parábola era una historia imaginaria, una figura fácil de entender para cualquiera. Todos conocían el camino de Jerusalén a Jericó y sabían que era muy peligroso. Estaba bordeado de montañas y colinas y tenía muchas curvas y recodos en los que los ladrones podían esconderse fácilmente. Un pobre viajero fue víctima de ladrones. Lo hirieron, le robaron todo lo que cargaba y lo dejaron malherido y medio muerto. Después de eso, por ese mismo camino, pasaron tres personas. El primero en pasar fue un sacerdote cuya profesión era el servicio de Dios. No paró para amparar al hombre malherido. Poco tiempo después le siguió un levita, de la casta sacerdotal de Israel y, por tanto, muy familiarizado con los ritos del templo. Tampoco este hombre se detuvo a ayudar. Ni uno ni otro sintieron pena por el herido. Luego pasó un extranjero. Era samaritano. Considerados herejes por los judíos, los samaritanos eran despreciados por los miembros de la judía sociedad de su tiempo. Sin embargo, el samaritano fue el único que ayudó al herido.

Esta parábola es la respuesta que Jesús le dio al maestro de la ley cuando le preguntó: *"¿quién es mi prójimo?"* El Señor le narra la parábola y luego le pregunta: *"¿Cuál de estos tres te parece que se portó como prójimo del que cayó en manos de los bandidos?"* La respuesta del abogado debería haber sido sencilla. Sin embargo, su prejuicio contra los samaritanos era tal que incluso después de escuchar esta parábola no pudo decir: *"El samaritano fue el más compasivo".* Se contentó con responder: "El que practicó la misericordia con él." Esta respuesta, aunque correcta, probablemente entristeció al Señor porque mostraba la falta de caridad que aún existía en el corazón del maestro de la ley. Sin embargo, el Señor respondió: *"Anda, haz tú lo mismo.",* lo que significa: ve y haz lo que hizo el samaritano.

Un cristiano nunca puede hacer lo que hicieron el sacerdote y el levita en la parábola. No podemos ignorar el bienestar de tantas personas necesitadas. Cuando nos encontramos con estas situaciones, si estamos unidos al Señor, nuestra preocupación por los demás, nuestros intentos de ayudar a los demás, nos harán salir de nuestra zona de confort. Nos hará dejar de pensar solo en nosotros mismos.

Con esta parábola, el Señor nos habla al maestro de la Ley y a nosotros del pecado de omisión. El sacerdote y el levita que pasaban sin detenerse no dañaron directamente al herido. Supongo que pensaban que eran hombres honestos y amables con los suyos. Ellos no fueron los que lo lastimaron. No intentaron robarle. Lo que pasa es que no tuvieron ni tiempo ni ganas de ayudarlo. Iban a hacer lo suyo. No querían comprometerse ni querían tener problemas. Su pecado era simplemente pasar de largo. Sin embargo, el Señor usó este ejemplo de ayuda no brindada para enseñar una lección. Lo que quería decirle al maestro de la ley es lo mismo que nos dice a nosotros: cuando hacemos una buena obra por otras personas, lo hacemos por Dios. Cristo nos espera en esa persona necesitada, sea cual sea su nacionalidad, condición jurídica o situación económica. Dios pone a nuestro prójimo, con sus necesidades concretas, en el camino de nuestra vida. El cristiano debe hacer todo lo que esté a su alcance para ayudar al prójimo necesitado. Pero no esperemos que lo que se espera de nosotros sean actos heroicos como lo hizo el Buen Samaritano. A menudo encontraremos cosas sencillas en nuestro camino que podemos hacer por los demás. A veces, una sonrisa y una palabra amable son suficientes. A veces es suficiente escuchar con atención y paciencia. A veces es solo dar un poco de nuestro tiempo para atender las necesidades de los demás.

Jesús concluyó la lección diciéndole al doctor de la ley: ""*Anda, haz tú lo mismo",* que significa "Sé una persona inteligente, activo y comprensivo con todos los que te necesitan". Recordemos que estas palabras también están dirigidas a nosotros. Seamos más como el buen samaritano. Caminemos por la vida con el corazón lleno de caridad por todos los necesitados que encontremos en nuestro camino.

Fifteenth Sunday of Ordinary Time

Cycle C Book 3
Readings: (R1) Deuteronomy 30: 10-14 (R2) Colossians 1:15-20 (Gos) Luke 10: 25-37

The good Christian acts by doing works of love and mercy because he knows that otherwise he cannot enjoy the Christian life, that is, the eternal life of which Christ spoke so many times. So that we would have no doubts about how we should love our neighbor, Jesus used the parable of the Good Samaritan. This parable was an imaginary story, a figure easy for anyone to understand. Everyone knew the road from Jerusalem to Jericho and they knew that it was very dangerous. It was lined with mountains and hills and had many curves and bends in which thieves could easily hide. A poor traveler was a victim of thieves. They wounded him, stole everything he was carrying, and left him badly wounded and half dead. After that, down that same road, three people passed. The first to pass by was a priest whose profession was the service of God. This was followed by a Levite, of the priestly caste of Israel, and therefore very familiar with the rites of the temple. It seems that neither one nor the other felt sorry for the wounded man. Then a foreigner passed by. He was a Samaritan. Considered by the Jews as heretics, the Samaritans were despised by the members of the society of their time. Yet the Samaritan was the only one who helped the wounded man.

This parable is the answer that Jesus gave to the teacher of the Law when he asked him: who is my neighbor? The Lord narrates the parable to him and then asks him: which of the three do you think behaved like a neighbor to him who was lying on the road badly wounded? The lawyer's answer should have been straightforward. Yet his prejudice against the Samaritans was such that even after hearing this parable he could not say, *"The Samaritan was the most compassionate."* He was content to reply, *"He who was compassionate."* This answer, although correct, probably saddened the Lord because it showed the lack of charity that still existed in the heart of the teacher of the Law. However, he replied: *"Go and do the same,"* which means: go and do as the Samaritan did.

A Christian can never pass by, as the priest and the Levite did in the parable. We cannot ignore the human and social well-being of so many people in need. When we encounter these situations, if we are united to the Lord, our concern for others, our attempts to help others, will make us move out of our comfort zones. It will make us stop thinking only of ourselves.

With this parable, the Lord speaks to the teacher of the Law and to us of the sin of omission. The priest and the Levite who passed by without stopping did not directly harm the wounded man. I suppose they thought they were honest men and kind to their own. They weren't the ones who hurt him. They did not try to rob him. What happens is that they had neither the time nor the desire to help him. They were going about doing their own thing. They didn't want to compromise nor did they want to have any trouble. Their sin was simply passing by. However, the Lord used this example of help not given, to teach a lesson. What He wanted to say to the teacher of the Law is the same thing that he says to us: when we do a good work for others, we do it for God. Christ awaits us in that person in need, whatever their nationality, legal status or economic situation. God puts our neighbors, with their concrete needs, on the path of our life. The Christian must do everything in his or her power to help a neighbor in need. But let's not expect that what is expected of us are heroic acts like what the Good Samaritan did. Often we will find simple things in our path that we can do for others. Sometimes a smile or a kind word is enough. Sometimes it is enough to listen carefully and patiently. Sometimes it is just giving a bit of our time to attend to the needs of others.

Jesus concluded the lesson by saying to the doctor of the law: "Go and do the same yourself," which means "Be an intelligent, active and understanding neighbor with everyone who needs you." Let us remember that these words are also addressed to us. Let us be more like the Good Samaritan. Let us go through life with a heart full of charity for all those in need we encounter on our journey through life.

Decimosexto Domingo del Tiempo Ordinario
Ciclo C Tomo 3
Lecturas: (L1) Génesis 18, 1-10a (L2) Colosenses 1,24-28 (Ev) Lucas 10, 38-42

Las lecturas de este domingo nos traen el ejemplo de tres personajes bíblicos muy conocidos, Abrahán, Marta y María y nos habla sobre un tema que también nos es conocido, la hospitalidad.

En la cultura hebrea, como en la nuestra, recibir en casa amigos o conocidos es un deber social que hacemos con verdadero cariño. Era así en los tiempos de Abrahán en aquella cultura de nómadas. Abrahán al ver que se acercaban tres viajeros desconocidos les invita a comer y descansar para reponer sus fuerzas. No sabía que los que se acercaban era Dios. Por eso les dice a los tres viajeros: "Señor, si he hallado gracia a tus ojos, no pases de largo junto a tu siervo. Traeré un poco de agua para que laven sus pies y pueden descansar debajo de este árbol. Después podrán seguir adelante". Abrahán dirigió estas palabras de hospitalidad a Dios cuando se le apareció en forma de tres peregrinos cerca del encinar de Mimbré a la hora de más calor. Después Abrahán le dio de comer y le dio una buena acogida. Dios nunca olvidó esta muestra de hospitalidad.

En el Evangelio, observamos la diferencia entre Marta y María, las hermanas de Lázaro. Nuestra primera reacción es ponernos a favor de Marta y pensar que María es egoísta, que deja todo el trabajo a Marta. Reconocemos la postura de Marta. Hay muchas cosas para hacer y pensamos que no hay tiempo para darle al Señor, ni siquiera unos minutos de oración en casa, mucho menos para ir a la iglesia.

Sin embargo, es María, según Jesús, la que ha sabido escoger la mejor parte. Para ella, lo más importante de la visita es la presencia de Jesús. Quiere disfrutar de su compañía. Por esa razón el Señor la felicitó. Vemos y entendemos la actitud de María tanto como la de su hermana Marta. Aunque hay muchas cosas que hacer en casa cuando viene un huésped inesperado, también nos agrada mucho ver que una persona que nos agrada ha tomado su tiempo para visitarnos y hablar con nosotros. Debemos acoger a Jesús en nuestras vidas cómo un buen amigo. Debemos recordar que está siempre presente en los sagrarios de nuestras iglesias, donde nos espera con ansias de hablar con nosotros. Aunque tengamos buenos amigos ninguno es mejor ni más fiel que Jesús. Por eso no existe ninguna persona a la que debamos tratar con más cariño y confianza. A la vez, debemos tratar de estar bien preparados espiritualmente siempre para nuestros encuentros con el Señor.

Lo que pasa es que a menudo imitamos más a Marta que a María. Precisamente el carácter hispano es de preocuparnos demasiado con los quehaceres y actividades. A veces no nos basta con preocuparnos de nuestras propias casas y familias sino que queremos arreglar las vidas ajenas. Vamos de aquí para allá cómo si quisiéramos arreglar todos los problemas del mundo. No tomamos un momento de calma para pensar ¿qué es lo más importante de mi vida? Lo más importante, lo primero, debe ser Dios, después la familia, disfrutando de su compañía, dándoles amor, escuchándoles y aconsejándoles.

Es cierto en todos los cometidos se puede practicar diariamente la caridad, la alegría y el espíritu de servicio a los demás. Pero Marta se concentra tanto en el trabajo que casi llega a olvidarse de lo más importante, que está Cristo en su casa. Esto es realmente lo que nos debe importar a nosotros. Nuestra meta debe ser encontrar a Cristo, incluso en medio de los quehaceres de cada día.

Estamos reunidos aquí, en esta santa misa, celebrando la eucaristía, la cena del Señor. Somos huéspedes de Cristo. Él nos invita a cenar con Él. Se sacrificó para darnos su carne y su sangre y nosotros ansiamos comer el pan de vida y beber el cáliz de la salvación. Cuando nos encontramos cansados y buscamos descanso siempre debemos recordar que Jesús nos dijo: "Vengan a mí los que están agobiados".

Pidamos a la Virgen María que nos dé la voluntad de trabajar de Marta mientras contemplamos la presencia de Dios como María, que sentada a los pies del Señor escuchó sus palabras. Pidamos también la hospitalidad de Abraham para que podamos invitar al Señor a entrar en nuestra casa y ayudarnos a evitar todo pecado y discordia.

Sixteenth Sunday of Ordinary Time

Cycle C Book 3
Readings: (R1) Genesis 18:1-10a (R2) Colossians 1:24-28 (Gos) Luke 10: 38-42

The readings for this Sunday bring us the example of three well-known biblical characters, Abraham, Martha, and Mary, and they talk to us about a topic that is also known to us, hospitality.

In Hebrew culture, as in ours, receiving friends or acquaintances at home is a social duty that we do with real affection. It was like this in Abraham's time in that nomadic culture. When Abraham saw that three unknown travelers were approaching, he invited them to eat and rest to regain their strength. He did not know that those who were approaching was God. That is why he says to the three travelers: *"Lord, if I have found favor in your eyes, do not pass by your servant. I'll bring some water for you to wash your feet and you can rest under this tree. Then they can move on."* Abraham addressed these words of hospitality to God when he appeared to him in the form of three pilgrims near the oak grove of Mambré at the warmest hour. Afterwards Abraham fed him and welcomed him well. God never forgot this show of hospitality.

In the Gospel, we observe the difference between Martha and Mary, the sisters of Lazarus. Our first reaction could be to favor Martha and think that Mary is selfish, that she leaves all the work to Martha. We recognize Martha's position. There are many things to do and we think that there is no time to give to the Lord, not even a few minutes of prayer at home, much less to go to church.

However, it is Mary, according to Jesus, who has known how to choose the best part. For her, the most important thing about the visit is the presence of Jesus. She wants to enjoy his company. For that reason the Lord congratulated her. We see and understand the attitude of Mary as much as that of her sister Martha. Although there are many things to do at home when an unexpected guest comes, we are also very pleased to see that a person we like has taken the time to visit and talk with us. We should welcome Jesus into our lives as a good friend. We should remember that he is always present in the tabernacles of our churches, where he eagerly awaits us to speak with us. Although we have good friends, no one is better or more faithful than Jesus. That is why there is no person we should treat with more affection and trust. At the same time, we must always try to be spiritually well prepared for our encounters with the Lord.

What happens is that we often imitate Martha more than Mary. Precisely the Hispanic character is to worry a lot about chores and activities. Sometimes it is not enough for us to worry about our own homes and families but we want to fix the lives of others. We go from here to there as if we wanted to fix all the problems of the world. We do not take a moment of calm to think what is the most important thing in my life? The most important thing, the first thing, must be God, then the family, enjoying their company, giving them love, listening to them and advising them.

It is true in all tasks that charity, joy and the spirit of service to others can be practiced daily. But Martha is so focused on work that she almost forgets the most important thing: that: Christ is in their home. This is really what should matter to us. Our goal should be to find Christ, even in the midst of everyday chores.

We are gathered here, at this holy mass, celebrating the Eucharist, the Lord's Supper. We are guests of Christ. He invites us to dine with Him. He sacrificed himself to give us his flesh and blood and we long to eat the bread of life and drink the cup of salvation. When we are tired and seek rest we must always remember that Jesus said to us: *"Come to me those who are burdened."*

Let us ask the Virgin Mary to give us the will to work of Martha while we contemplate the presence of God like Mary, who sitting at the feet of the Lord listened to his words. Let us also ask for the hospitality of Abraham so we may invite the Lord to enter our house and help us to avoid all sin and discord.

Decimoséptimo Domingo del Tiempo Ordinario
Ciclo C Tomo 3
Lecturas: (L1) Génesis 18, 20-32 (L2) Colosenses 2, 12-14 (Ev) Lucas 11, 1-13

Nuestra relación con Dios se fortalece por la oración confiada y bien hecha. Siempre debemos recurrir a Dios cuando necesitamos ayuda en nuestra vida cotidiana. Recordemos siempre que las palabras del Señor que hemos escuchado en el Evangelio hoy: *"Todo él que pide recibe y él que busca encuentra"*. Sin embargo hay que pedir con humildad al Padre Celestial y reconocer que somos seres limitados. Si hacemos esto, Él no nos rechazará. Las lecturas de hoy nos enseñan que si pedimos algo al Señor, Él nos dará su ayuda si nos conviene. Nunca deja de atender una súplica.

Pero ¿en qué debe consistir esa súplica? Ante todo debemos buscar siempre los bienes del alma para estar cada día más cerca al Señor aunque también podemos pedir bienes materiales siempre que estos nos sirvan para llegar a Dios. Podemos pedir la salud, un buen salario, o lograr ese empleo que estamos necesitando. Después dejarlo todo en manos del Señor porque si lo que pedimos nos conviene Él nos lo dará. San Agustín nos aconseja," Pidamos los bienes temporales prudentemente. Si los recibimos debemos tener la certeza de que proceden de Él que sabe que nos conviene". También nos dice," ¿Pediste y no recibiste? Fíate de tu Padre. Si te hubiera convenido te lo hubiera dado. Si no te lo ha concedido es que no te convenía." Y es que no todo lo que pedimos nos conviene recibir.

La primera lectura de hoy nos da un ejemplo conmovedor de cómo Dios está dispuesto a concedernos lo que es justo pedir. Abrahán era un gran amigo de Dios. Hablaba con Dios cada día y no hacía nada sin pedirle consejo. Sin embargo, la súplica de Abrahán a Dios era valiente. El Señor había decidido destruir Sodoma y Gomorra porque se habían extraviado excesivamente del camino del bien. Sin embargo, Abrahán imploraba por aquellas ciudades que tanto habían ofendido a Dios. Abrahán le dijo a Dios, "¿Es que vas a destruir al inocente con el culpable?" Abrahán estaba tratando de salvar las ciudades regateando con Dios. Esto lo podía hacer porque confiaba plenamente en Dios. Se siente verdaderamente amado por Él.

La respuesta del Señor nos deja ver lo mucho que es capaz de hacer para salvar unas cuantas almas justas. Dios se complace en quienes son justos, en quienes le siguen, y en quienes cumplen su voluntad. Hasta estaba dispuesto a perdonar aquellas dos ciudades pecadoras para salvar a unos pocos justos con tal de que se encontraran en una de las ciudades solamente diez personas justas. Lamentablemente, en ninguna de estas dos ciudades se pudieron encontrar diez personas que siguieron el camino que Dios marca para toda la humanidad.

Al escuchar esta lectura nos podemos preguntar ¿Merece la pena tratar de cumplir la voluntad de Dios si son tantísimos los que le ofenden cada día y hay montones de gente que viven como si Él no existiera? Cuando nos vienen estos pensamientos debemos recordar que Dios tiene otras ideas, muy distintas de las nuestras, sobre la utilidad de una buena vida. Puede ser que ahora no veamos ningún beneficio en la oración. Sin embargo, al final de los tiempos, en el último juicio, veremos la recompensa de la madre de familia y el padre de familia que pasaron sus días pidiendo por sus hijos, tratando de sacar su familia adelante con mucha dificultad. También veremos el valor del dolor de los enfermos que ofrecieron diariamente sus sufrimientos al Señor. Entonces veremos que intentar ser fieles al Señor merece la pena. Y sentiremos la alegría de haberle seguido de haber llevado una buena vida.

El Papa San Juan Pablo II dijo que la oración de Abrahán es muy necesaria en los tiempos en que vivimos. (Juan Pablo II, Homilía 27-VII-1980, Homilía a Peregrinos en Castelgandolfo) Hay que rezar cada día para que esta sociedad cambie y se acerque más a Dios. Tenemos la obligación de tratar de rescatar al mundo del pecado y las injusticias pidiendo cada día por esta sociedad que tanto se está alejando de Dios. La oración puede cambiar al mundo.

Pidamos a la Virgen María, Nuestra Madre Amantísima, que nos ayude a pedir lo que nos conviene como hijos del Padre Celestial y que nos ayude a conseguir la fe y el sosiego que tenía ella en la oración.

Seventeenth Sunday of Ordinary Time
Cycle C Book 3
Readings: (R1) Genesis 18:20-32 (R2) Colossians 2:12-14 (Gos) Luke 11:1-13

Our relationship with God is strengthened by confident and well prepared prayer. We should always turn to God when we need help in our daily lives. Let us always remember the words of our Lord that we heard in the Gospel Reading today: *"Everyone who asks receives and he who seeks finds."* However, we should humbly ask the Heavenly Father recognizing that we are limited beings. If we do this, He will not reject us. Today's readings teach us that if we ask the Lord for something, He will help us if it suits us. He never fails to answer a plea.

But what should this supplication consist of? Above all, we must always seek the goods of the soul to be closer to the Lord each day even though we can also ask for material goods as long as they help us to reach God. We can ask for health, a good salary, or get that job that we need. Then leave everything in the hands of the Lord because if what we ask is good for us He will give it to us. Saint Augustine advises us, *"Let us ask for temporal goods wisely. If we receive them, we must be sure that they come from Him who knows that it is convenient for us"*. It also tells us, *"Did you ask and did not receive? Trust in your Father. If it had suited you, I would have given it to you. If he has not granted it to you, it is not convenient for you."* And it is that not everything we ask is convenient for us to receive.

Today's first reading gives us a moving example of how God is willing to grant us what is right to ask. Abraham was a great friend of God. He talked to God every day and did nothing without asking for his advice. However, Abraham's plea to God was courageous. The Lord had decided to destroy Sodom and Gomorrah because they had strayed excessively from the path of good. However, Abraham implored for those cities that had so offended God. Abraham said to God, "Are you going to destroy the innocent with the guilty?" Abraham was trying to save the cities by bargaining with God. This he could do because he fully trusted God. He felt truly loved by God.

The Lord's response shows us how much He is capable of doing to save a few righteous souls. God takes pleasure in those who are righteous, in those who follow him, and in those who do his will. He was even willing to forgive those two sinful cities to save a righteous few as long as only ten righteous people were found in one of the cities. Unfortunately, in neither of these two cities could ten people be found who followed the path that God sets out for all humanity.

Listening to this reading we can ask ourselves, is it worth trying to fulfill God's will if there are so many who offend Him every day and there are lots of people who live as if He did not exist? When these thoughts come to us, we must remember that God has other ideas, very different from ours, about the usefulness of a good life. We may not see any benefit in prayer now. However, at the end of time, in the last judgment, we will see the reward of the mother of the family and the father who spent their days praying for their children, trying to raise their family with great difficulty. We will also see the value of the pain of the sick who daily offered their suffering to the Lord. Then we will see that trying to be faithful to the Lord is worth it. And we will feel the joy of having followed him and having led a good life.

Pope Saint John Paul II said that Abraham's prayer is very necessary in the times in which we live. (John Paul II, Homily 7/27/1980, Homily to pilgrims in Castel Gandolfo) We must pray every day so that this society changes and get closer to God. We have an obligation to try to rescue the world from sin and injustice by asking every day for this society that is so far away from God. Prayer can change the world.

Let us ask the Virgin Mary, Our Loving Mother, to help us ask for what is best for us as children of Heavenly Father and to help us achieve the faith and peace that she had in prayer.

Decimoctavo Domingo del Tiempo Ordinario
Ciclo C Tomo 3
Lecturas: (L1) Eclesiastés 1, 2. 2, 21-23 (L2) Colosenses 3, 1-5. 9-11 (Ev) Lucas 12, 13-21

Las lecturas de hoy nos recuerdan que la vida del ser humano sobre la tierra es corta. Nuestra vida, por muy larga que sea, pasa pronto y durante los años que dura hay muchas fatigas y mucho dolor. Por algo cuando rezamos el Salve Regina, decimos que estamos *"gimiendo y llorando, en este valle de lágrimas"*. En el Evangelio hoy hemos escuchado al mismo Señor decirles a sus discípulos que en esta vida todo pasa y apenas se nota que ha pasado. Incluso personas que amasaron fortunas o que hicieron grandes cosas por la humanidad mueren y con el tiempo se les recuerda poco o nada.

Al escuchar las palabras de la Sagrada Escritura hoy podíamos preguntarnos, *"¿para qué tanto esfuerzo y tanta fatiga?"* Hoy en día muchas personas buscan la felicidad entre las cosas de este mundo materialista en que vivimos. Nosotros, como cristianos, debemos anhelar, cómo nos aconseja San Pablo, los bienes del cielo donde está Cristo esperándonos para premiarnos si hemos vivido una buena vida. Los seres humanos, si dejamos de seguir a Dios, e incluso si lo seguimos sin entrega, tenemos la tendencia de buscar las cosas de aquí abajo y olvidarnos de lo más importante, que a este mundo no venimos para quedarnos para siempre y que la muerte va a llegar para todos por muy ricos o jóvenes que seamos. El Señor nos enseña que la persona que pone el corazón, que está hecho para lo eterno, en el afán de poseer cosas materiales corre el riesgo de perder todo lo que ha adquirido y, además, su propia alma.

Es muy importante que meditemos con detenimiento sobre lo que Jesús nos dice a través del evangelio de hoy. Un hombre rico tuvo una gran cosecha. Al empezar a hacer sus planes se preguntó, *"¿Y ahora que haré?"* Decidió hacer graneros más grandes para poder almacenar cada vez más y, de esa forma, hacerse más rico aún. Después de muchos planes se felicitaba a sí mismo diciéndose, *"Ya no tienes que preocuparte por muchos años. Vas a ser más rico de lo que ya eres. Date la buena vida... Come. Bebe. Disfruta de la vida."* Sin embargo, al hacer sus planes para el futuro, el hombre rico había ignorado completamente a una persona muy importante. No había tenido en cuenta para nada a esta persona. Y de repente, en el diálogo que sostiene con él mismo, interviene la otra persona. Esa persona era Dios. Y Dios le dice, *"Necio, esta misma noche morirás y todo esto que has acumulado y todas tus riquezas y todas tus propiedades, ¿de quién serán?"*. Aquí nos deja ver el Señor que todos los esfuerzos del hombre rico para acumular riquezas han sido inútiles. Lo mismo sucederá a cualquier persona que sólo tiene ansias de poseer riquezas materiales, sin preocuparse de las riquezas espirituales, olvidándose por completo de Dios.

Recordemos con frecuencia que nuestro paso por la tierra no es para convertirnos en ricos en lo material. Tampoco estamos aquí para convertirnos en personajes famosos. Hemos nacido para agradecer a Dios lo que Él nos ha dado, comenzando por la vida. Si hacemos esto, Dios no nos abandonará. Si administramos bien lo que tenemos y confiamos en Él, Dios lo multiplicará. Por eso es importante darle gracias al Señor por lo que poseemos y dejar todo en sus manos.

Siempre es importante considerar lo frágil que es la vida y la proximidad de la muerte. Debemos enfrentar la muerte sin miedo ya que considerar el fin de nuestra vida nos enseñará a vivir mejor nuestros días. Pues el tiempo que tenemos aquí no lo tenemos ni comprado ni asegurado y no sabemos cuánto durará. Por lo tanto no podemos perder el tiempo alejándonos de Dios. Recordemos lo que San Pablo les dijo a los Corintios, *"Sabemos que si nuestra casa terrena o, mejor dicho, nuestra tienda de campaña, llega a desmontarse, Dios nos tiene reservado un edificio no levantado por mano de hombres, una casa para siempre en los cielos."* (1 Corintios 5,1)Estas palabras de San Pablo deben recordarnos que no debemos apegarnos demasiado a las cosas terrenas porque cuando llegue nuestra hora, cuando el Señor nos llame, todo lo vamos a dejar aquí. Por eso el Señor nos advierte que estemos siempre preparados. Sólo él que sabe seguir a Dios con una vida bien vivida sacará provecho de los días pasados aquí en la tierra.

Eighteenth Sunday of Ordinary Time

Cycle C Book 3
Readings: (R1) Ecclesiastes 1: 2; 2: 21-23 (R2) Colossian 3:1-5, 9-11 (Gos) Luke 12:13-21

Today's readings remind us that human life on earth is short. Our life, no matter how long, passes quickly and during the years it lasts there are many fatigues and much pain. For something when we pray the Salve Regina, we say that we are "moaning and crying, in this valley of tears." In the Gospel today we have heard the Lord himself tell his disciples that in this life everything passes and hardly leaves a trace. Even people who amassed fortunes or did great things for humanity die and are remembered little or nothing over time.

Listening to the words of Sacred Scripture today we could ask ourselves, "Why so much effort and so much fatigue?" Today many people seek happiness among the things of this materialistic world in which we live. We, as Christians, must yearn, as St. Paul advises us, for the goods of heaven where Christ is waiting to reward us if we have lived a good life. Human beings, if we stop following God, and even if we follow Him without surrender, we have a tendency to look for things down here and forget the most important thing, that we do not come to this world to stay forever and that death It is going to reach everyone, no matter how rich or young we are. The Lord teaches us that the person who puts his heart, who is made for the eternal, in the desire to possess material things runs the risk of losing everything he has acquired and, furthermore, his own soul.

It is very important that we meditate carefully on what Jesus tells us through today's Gospel. A rich man had a great harvest. As he began to make his plans he asked himself, "Now what will I do?" He decided to make bigger barns so that he could store more and more and thus become even richer. After many plans he congratulated himself by saying, "You no longer have to worry for many years. You are going to be richer than you already are. Give yourself the good life ... Eat. Drink. Enjoy life." However, when making his plans for the future, the rich man had completely ignored a very important person. He hadn't considered this person at all. And suddenly, in the dialogue he has with himself, the other person intervenes. That person was God. And God says to him, "Fool, tonight you will die and all this that you have accumulated and all your wealth and all your properties, whose will they belong to?" Here the Lord lets us see that all the efforts of the rich man to accumulate wealth have been useless. The same will happen to anyone who only wants to possess material wealth, without worrying about spiritual wealth, completely forgetting about God.

Let us often remember that our passage through the earth is not to become materially rich. We are also not here to become famous people. We were born to thank God for what He has given us, beginning with life. If we do this, God will not abandon us. If we manage what we have well and trust Him, God will multiply it. That is why it is important to thank the Lord for what we have and leave everything in his hands.

It is always important to consider how fragile life is and the proximity of death. We must face death without fear since considering the end of our life will teach us to live our days better. Well, the time we have here we have here on earth is not assured and we do not know how long it will last. Therefore we cannot waste time straying away from God. Let us remember what Saint Paul said to the Corinthians, "We know that if our earthly house or, rather, our tent, is dismantled, God has reserved for us a building not erected by the hand of men, a house forever in the heavens." (1 Corinthians 5:1) These words of Saint Paul should remind us that we should not get too attached to earthly things because when our time comes, when the Lord calls us, we will leave everything here. That is why the Lord warns us to always be prepared. Only he who knows how to follow God with a life well lived will profit from the days spent here on earth.

Decimonoveno Domingo del Tiempo Ordinario
Ciclo C Tomo 3
Lecturas: (L1) Sabiduría 18, 6-9 (L2) Hebreos 11, 1-2 .8-19 (Ev) Lucas 12, 32-48

En el evangelio de hoy, el Señor nos dice que cuando llegue el día de encontrarnos cara a cara con Él, al final de nuestra vida, quiere encontrarnos preparados, vigilantes, como quienes viven al día. Quiere encontrarnos sirviendo, por amor, a nuestro Dios y a nuestro prójimo. Pero también quiere saber que no hemos perdido el sentido sobrenatural de la vida, que hemos reconocido que hay una vida más allá de la muerte, una vida a donde nos dirigimos todos. Y que hemos hecho todo lo posible para mejorar nuestra vida espiritual.

Pero el hecho de encontrarnos con Cristo, cara a cara, al final de la vida no tiene que ser causa de temor o de preocupación. Cuando amamos de verdad, siempre estamos esperando que llegue la hora de reunirnos con las personas amadas. Los minutos de espera se hacen largos. Pero cuando llega la hora de la reunión, nos alegramos y sabemos que la espera ha merecido la pena. Jesús nos pide un amor semejante. Nos pide que cuando se reúna con nosotros estemos preparados para recibirle como merece. Hay otra razón muy importante para mantener esa vigilancia en espera de la llegada del Señor. San Bernardo nos dice, "Estemos también nosotros, hermanos, vigilantes, porque es la hora del combate." Una de las mentiras más grandes que existe en el mundo hoy en día es la que dice que Satanás no existe, que no es el autor de toda la maldad que hay en el mundo, y que, por lo tanto, no puede causarnos daño. Diga lo que diga la sociedad que nos rodea, sigue siendo muy necesario que luchemos cada día contra el enemigo hasta en las pequeñas cosas. Si queremos seguir al Señor cada día podemos estar seguros que Satanás tratará de poner obstáculos en el camino. Así intenta separarnos de Dios. Puede ser que no sean grandes las tentaciones que usa pero no olvidemos que, si luchamos contra la tentación en lo pequeño, el alma se fortalece y se dispone para oír las inspiraciones del Espíritu Santo y, de esa manera, se prepara a fondo para la llegada del Señor. San Ambrosio nos dice que si nuestra alma no está vigilante y está adormecida, Jesús se marcha sin llamar a nuestra puerta. Pero si está vigilante, Jesús llama y pide que se le abra.

Después de haberles dicho Jesús que debían estar vigilantes, San Pedro le preguntó si se refería a ellos también, a los apóstoles, o a todos en general. Contestando directamente a San Pedro le dice que sus enseñanzas son para todos y vuelve a insistir en que Dios nos pedirá cuentas a todos y que eso puede venir a cualquier hora. Ninguna persona o grupo de personas son exentos de esta advertencia. Todos hemos recibido de Dios en esta vida una misión que cumplir, una vocación que vivir. Y de ella vamos a tener que responder al final de la vida. San Pablo les recordará más tarde a los cristianos de los primeros tiempos que todos compareceremos ante el tribunal de Cristo algún día para que cada uno reciba el pago a las buenas o malas obras que haya hecho mientras ha vivido en esta tierra.

El Señor terminó sus palabras sobre el tema de estar preparados con esta recomendación. "Al que se le ha dado mucho, se le exigirá mucho, y al que se le ha confiado mucho se le pedirá más aún." Esta es una fuerte llamada a que recapacitemos y vivamos nuestra vida de acuerdo con las enseñanzas del Señor pues Dios nos ha dado mucho a todos. Nos ha dado la vida y nos ha dado la oportunidad de servirle a Él y al prójimo. Los que nos llamamos seguidores de Cristo debemos preguntarnos cada día: ¿Cuánto me ha encomendado el Señor a mí? ¿Cuál es mi misión, mi vocación? ¿Es mi vida una respuesta verdadera a lo que Dios espera de mí? ¿Se llenará mi corazón de alegría al ver la recompensa que me tiene guardada Dios por todo lo que he hecho durante mi vida?

Hermanas y hermanos, si somos buenos administradores de los dones que Dios nos ha dado, no debemos temer verle cara a cara cuando moramos. Demostremos hoy aquí, reunidos en esta Santa Misa, que confiamos en Jesús. Mostrémosle que estamos aquí porque sentimos la necesidad de darle gracias por todo lo que ha hecho por nosotros. Recordemos las palabras que Jesús dijo a sus discípulos." *"Al que mucho se le dio, mucho se le exigirá; al que mucho se le confió más se le exigirá"*

Nineteenth Sunday of Ordinary Time
Cycle C Book 3

In today's Gospel, the Lord tells us that when the day comes to meet him face to face, at the end of our life, he wants to find us prepared, vigilant, like those who live from day to day. He wants to find us serving, out of love, our God and our neighbor. But he also wants to know that we have not lost the supernatural meaning of life, that we have recognized that there is a life beyond death, a life where we are all headed and that we have done everything possible to improve our spiritual life.

But meeting Christ, face to face, at the end of life does not have to be a cause for fear or concern. When we truly love, we are always waiting for the time to meet with loved ones. The waiting minutes are long. But when the time for the meeting comes, we rejoice and we know that the wait has been worth it. Jesus asks us for a similar love. He asks us that when he meets with us we are prepared to receive him as he deserves. There is another very important reason to keep watch for the Lord's coming. Saint Bernard tells us, "Let us also, brothers, be vigilant, because it is the hour of combat." One of the biggest lies that exist in the world today is the one that says that Satan does not exist, that he is not the author of all the evil in the world, and that, therefore, he cannot cause us harm. Whatever the society that surrounds us says, it is still very necessary that we fight every day against the enemy even in small things. If we want to follow the Lord every day we can be sure that Satan will try to put obstacles in the way. So he tries to separate us from God. The temptations it uses may not be great, but let us not forget that, if we fight against the temptation in the small, the soul is strengthened and is ready to hear the inspirations of the Holy Spirit and, in this way, prepares itself thoroughly for the arrival of the Lord. Saint Ambrose tells us that if our soul is not vigilant and is asleep, Jesus leaves without knocking on our door. But if he is vigilant, Jesus calls and asks that it be opened to him.

After Jesus had told them that they should be vigilant, Saint Peter asked him if he was referring to them too, to the apostles, or to everyone in general. Answering directly to Saint Peter, he tells him that his teachings are for everyone and he insists again that God will hold all of us accountable and that this can come at any time. No person or group of people is exempt from this warning. We have all received from God in this life a mission to fulfill, a vocation to live. And we will have to respond to it at the end of life. St. Paul will later remind early Christians that we will all appear before the judgment seat of Christ one day so that each of us will be paid for the good or bad works that they have done while living on this earth.

The Lord finished his words on the subject of being prepared with this recommendation. "From the one who has been given a lot, much will be demanded, and from the one who has been entrusted with a lot more will be asked." This is a strong call to reconsider and live our lives in accordance with the Lord's teachings because God has given so much to all of us. He has given us life and has given us the opportunity to serve Him and others. Those of us who call ourselves followers of Christ must ask ourselves every day: How much has the Lord entrusted to me? What is my mission, my vocation? Is my life a true answer to what God expects of me? Will my heart fill with joy when I see the reward that God has in store for me for everything I have done during my life?

Sisters and brothers, if we are good stewards of the gifts that God has given us, we need not fear to see him face to face when we dwell. Let us show here today, gathered at this Holy Mass, that we trust in Jesus. Let's show him that we are here because we feel the need to thank him for all that he has done for us. Let us remember the words that Jesus said to his disciples. "To whom much was given, much will be required; to whom much was entrusted, the more will be required".

Vigésimo Domingo del Tiempo Ordinario
Ciclo C Tomo 3
Lecturas: ((L1) Jeremías 38, 4-6. 8-10 (L2) Hebreos 12, 1-4 (Ev) Lucas 12, 49-53

Hemos oído, en el Evangelio, Nuestro Señor hablarles a sus discípulos sobre el amor ardiente que tiene por las almas. Les dice, *"Fuego he venido a traer a la tierra, y ¿qué quiero sino que arda?"* mostrando así su impaciencia divina por traer la salvación a la humanidad.

Si seguimos a Cristo nosotros también podemos, adquirir el mismo sentimiento que tenía Nuestro Señor. En realidad se trata del deseo de propagar la Buena Noticia del Reino de Dios en todo el mundo. Lo primero que tenemos que hacer es dar a Dios el honor, la alabanza y la acción de gracias que merece, como lo hizo Jesús durante toda su vida terrena. Esto lo podemos hacer principalmente en la Santa Misa donde ofrecemos nuestras intenciones y nuestras buenas obras a Dios Padre, donde le alabamos y le bendecimos y le damos gracias por todo lo que ha hecho por nosotros, lo que está haciendo por nosotros y lo que seguramente hará por nosotros en el futuro. Al terminar la Eucaristía debemos salir de la iglesia con el ánimo de anunciar al mundo que el Reino de Dios está entre nosotros.

Al participar en la Santa Misa, debemos pensar en nuestros hermanos en la fe con los que debemos sentirnos unidos ya que compartimos con ellos el pan de vida. Es verdad que la Sagrada Eucaristía nos proporciona un momento muy especial para pedir que nuestro Padre, que está en el cielo, nos ayude en nuestra vida cotidiana. Pero también nos da una oportunidad para pedir por los que tienen más necesidades que nosotros, incluyendo los que están metidos en la droga, los que son alcohólicos, los que están sin casa, los enfermos, las familias desunidas y, de una manera muy especial, los niños abusados y marginados. Debemos llenarnos de sentimientos de caridad y de fraternidad porque, si la Eucaristía nos hace une, entre nosotros no podemos menos que tratar a los demás como hermanos y hermanas en la fe. Al compartir la Eucaristía formamos la familia de los hijos e hijas de Dios.

Cuando un cristiano ha participado en la Santa Misa con devoción, atento a lo que está pasando en el altar, y ha recibido en la Comunión a Jesucristo siente que debe comunicar a los demás, con su ejemplo y con su postura, que ama a Cristo. En realidad cada encuentro con el Señor debe hacernos sentir esa necesidad de llevar a los demás la paz y el amor y la alegría de saber que somos hijas e hijos amados de Dios. Debe enseñarnos a no sentir tibieza por un Dios que nos ama con un amor que arde.

También debemos recordar que el amor a Dios se expresa en el dolor que sentimos por los pecados que hemos cometido, o sea ser contritos. Y para expresar el remordimiento es necesario confesarnos frecuentemente. En la confesión encontramos la misericordia divina y el remedio a nuestros males. En la vida cotidiana es obvio que las personas que se arrepienten de verdad aman de veras. Si amamos de verdad a una persona nos duele ofenderla. Y si queremos a Dios de verdad le mostraremos nuestro arrepentimiento acudiendo al confesionario y pidiendo perdón por nuestros pecados. No podemos mostrar al mundo que somos cristianos, no podemos hacer que arda el mundo con el amor a Dios, si rehusamos confesar nuestros pecados.

El amor del cristiano por su prójimo debe ser fuego que abrasa a nuestro alrededor. Y, a la vez, las personas que nos conocen no deben dudar de nuestro amor a Dios. Al ver nuestro ejemplo, no han de quedarse indiferentes. Debemos ser fuente de amor para quienes tratamos diariamente. Si mostramos públicamente nuestro amor por Dios, el Espíritu Santo es el que hará fuego a través de nosotros en el corazón de muchas personas en las que parecía que su amor estaba apagado. De ese rescoldo, casi apagado, de amor a Dios deberán surgir llamas que se extiendan a otras personas quienes hubieran permanecido fríos y sin fe. El amor verdadero que sentimos por Dios se debe manifestar en el deseo ardiente de que otras personas conozcan y sigan a Jesucristo. Así que no debemos decir que no podemos hacer nada para ayudar en la tarea divina de la evangelización. No olvidemos que los cristianos, con una pequeña chispa, simplemente con el buen ejemplo de nuestra conducta, podemos comenzar un gran fuego de fe y amor. Debemos preguntarnos continuamente, ¿qué puedo hacer yo para avivar ese fuego?

Twentieth Sunday of Ordinary Time

Cycle C Book 3
Readings: (R1) Jeremiah 38:4-6, 8-10 (R2) Hebrews 12:1-4 (Gos) Luke 12:49-53

We have heard, in the Gospel; Our Lord speak to his disciples about his burning love for souls. He tells them, *"I have come to bring fire to earth, and what do I want but to have it burn?"* thus showing his divine impatience to bring salvation to humanity.

If we follow Christ, we too can acquire the same feeling that Our Lord had. It is actually about the desire to spread the Good News of the Kingdom of God throughout the world. The first thing we have to do is give God the honor, praise and thanksgiving that he deserves, as Jesus did throughout his earthly life. We can do this mainly at Holy Mass where we offer our intentions and our good works to God the Father, where we praise and bless him and thank him for everything he has done for us, what he is doing for us and what he surely will do for us in the future. At the end of the Eucharist we must leave the church with the aim of announcing to the world that the Kingdom of God is among us.

As we participate in Holy Mass, we must think of our brothers in faith with whom we must feel united as we share with them the bread of life. It is true that the Holy Eucharist provides us with a very special moment to ask that our Father, who is in heaven, help us in our daily lives. But it also gives us an opportunity to ask for those who have more needs than we do, including those who are into drugs, those who are alcoholics, those who are homeless, the sick, disunited families and, in a very special way, abused and marginalized children. We must be filled with feelings of charity and fraternity because, if the Eucharist unites us, we cannot help but treat others as brothers and sisters in faith. By sharing the Eucharist we form the family of the sons and daughters of God.

When a Christian has participated in Holy Mass with devotion, attentive to what is happening at the altar, and has received Jesus Christ in Communion, he feels that he must communicate to others, with his example and with his posture, that he loves Christ. In reality, each encounter with the Lord should make us feel that need to bring peace and love to others and the joy of knowing that we are God's beloved daughters and sons. It must teach us not to feel lukewarm for a God who loves us with a love that burns.

We must also remember that love for God is expressed in the pain we feel for the sins we have committed, that is, being contrite. And to express remorse it is necessary to confess frequently. In confession we find divine mercy and the remedy for our ills. In everyday life it is obvious that people who really repent really love. If we really love a person it hurts to offend him. And if we truly love God, we will show our repentance by going to the confessional and asking forgiveness for our sins. We cannot show the world that we are Christians; we cannot make the world burn with the love of God, if we refuse to confess our sins.

The Christian's love for his neighbor must be a fire that burns around us. And, at the same time, people who know us should not doubt our love for God. Seeing our example, they should not be indifferent. We must be a source of love for those we deal with daily. If we publicly show our love for God, the Holy Spirit is the one who will enkindle fire through us in the hearts of many people in whom it seemed that their love was quenched. From those embers, almost extinguished, of love for God, flames must arise that spread to other people who would have remained cold and without faith. The true love we feel for God must be manifested in the burning desire that other people know and who subsequently follow Jesus Christ. So we must not say that we can do nothing to help in the divine task of evangelism. Let us not forget that Christians, with a little spark, simply by the good example of our conduct, we can start a great fire of faith and love. We must continually ask ourselves, what can I do to fan that fire?

Vigésimo Primer Domingo del Tiempo Ordinario
Ciclo C Tomo 3
Lecturas: (L1) Isaías 66, 18-21 (L2) Hebreos 12, 5-7. 11-13 (Ev) Lucas 13, 22-30

Las lecturas hoy nos muestran la actitud que cada cristiano debe tener para conseguir la salvación. En el evangelio, vemos la respuesta que Jesús dio a una pregunta que le hizo uno de sus discípulos cuando iban de camino hacia Jerusalén. Los discípulos solían hacerle preguntas a Jesús cuando tenían dudas sobre algún punto de la enseñanza que les daba. Sin embargo, el Señor nunca contestaba a las preguntas directamente. Sus respuestas siempre iban más allá de la pregunta. Jesús siempre trataba de enseñar lo esencial, lo que más necesitaban saber los que le escuchaban para llegar a la salvación.

En esta ocasión la pregunta fue, *"Señor, ¿serán pocos los que se salven?"* La pregunta se refería al número de personas que serían salvadas. El Señor, a su vez, muestra que no es importante saber cuántos serán salvados. Esto es algo que sólo lo sabe Dios. Mucho más importante es saber qué debemos hacer nosotros mismos para salvarnos. De ahí viene la respuesta del Señor, *"Esfuércense por entrar por la puerta angosta."* Y a continuación, les dice a sus discípulos que para entrar en el Reino de Dios lo importante no es pertenecer al pueblo elegido. No deben pensar sus discípulos que iban a entrar en el Reino de los Cielos simplemente por haber comido y bebido con Él o por haberle escuchado predicar. Lo que verdaderamente importa es una fe sincera y sencilla que se muestra a través de las buenas obras. Y a esta fe todos hemos sido llamados. Simplemente el hecho de ser miembros de un grupo u otro no garantiza la salvación. Para entrar en el Reino de Dios cada cristiano tiene que hacer un esfuerzo personal tratando, por todos los medios, vivir según las enseñanzas de Cristo. También tiene que esforzarse para cargar con las cruces que encuentra cada día en su camino. Además, el Señor quiere que una parte esencial de nuestra vocación cristiana sea un afán desinteresado de evangelizar, de anunciar al mundo que Cristo es el Señor. Quien decide seguir a Cristo se convierte en un discípulo suyo con la responsabilidad de ayudar a otros para que ellos también puedan encontrar el camino estrecho que les lleva al cielo.

La Segunda Lectura nos dice que la parte más importante de la evangelización es respaldar a los débiles en la fe. La manera más eficaz y sencilla de evangelizar es mostrar con nuestra conducta y nuestra caridad que somos verdaderos seguidores de Cristo. Hay que dar un buen ejemplo para que otros puedan comprender que el camino estrecho que lleva al cielo se puede convertir en una senda ancha para quien ama de verdad a Cristo. La Segunda Lectura también nos recuerda que el Señor vendrá para reunir a todas las naciones y pueblos de este mundo. Cristo está presente entre nosotros en la Eucaristía y en el Santísimo Sacramento. Esto lo sabemos. El Señor ya ha llegado y mora entre nosotros. Solo hay que abrir nuestros corazones para sentir su presencia y su amor. Puede ser que conozcamos algunas personas que aún necesitan acercarse al amor de Cristo, que aún no creen en el poder de su amor. Hasta puede ser que sean algunos miembros de nuestras propias familias que muestren una fe tibia.

Todos los cristianos hemos sido llamados a dar testimonio de Cristo en este mundo. Nuestro afán apostólico debe consistir en tener un gran deseo de acercar muchas personas al Señor. En medio de este mundo debemos ser guías que ayuden a los demás a encontrar el camino hacia el Señor. Ya sé que decir que todos debemos tratar de evangelizar les parecerá un poco extraño a algunas personas. Piensan que eso de evangelizar es para los misioneros y, de todos modos, es demasiado difícil. Pues a estas personas yo les digo que no es difícil. La evangelización se lleva a cabo simplemente con nuestro buen ejemplo. Pero para eso hay que llevar una buena vida mostrando nuestra fe y nuestras buenas obras. La serenidad y confianza en Dios ante las dificultades y el deseo de seguir a Jesús en medio de una sociedad que niega su existencia son maneras de evangelizar. Pero antes de comenzar esta gran tarea de evangelización debemos asegurarnos que hemos sido evangelizados nosotros mismos. Debemos hacer un examen de conciencia y preguntarnos si las personas que nos tratan y nos conocen pueden distinguir en nosotros a un discípulo de Cristo. También debemos preguntarnos si nuestra vida, nuestro ejemplo, está ayudando a alguien a encontrar el camino hacia el Señor.

Twenty First Sunday of Ordinary Time

Cycle C Book 3
Readings: (R1) Isaiah 66:18-21 (R2) Hebrews 12:5-7, 11-13 (Gos) Luke 13:22-30

The readings today show us the attitude that every Christian must have to achieve salvation. In the gospel, we see the answer that Jesus gave to a question asked by one of his disciples when they were on their way to Jerusalem. The disciples used to ask Jesus questions when they had doubts about some point of the teaching that he gave them. However, the Lord never answered questions directly. His answers always went beyond the question. Jesus always tried to teach the essential, what those who listened to him needed to know most to reach salvation.

This time the question was, "Lord, will there be few who are saved?" The question concerned the number of people who would be saved. The Lord, in turn, shows that it is not important to know how many will be saved. This is something that only God knows. Much more important is knowing what we must do ourselves to save ourselves. That is why the Lord responded, "Strive to enter through the narrow door." And then he tells his disciples that to enter the Kingdom of God the important thing is not to belong to the chosen people. His disciples should not think that they were going to enter the Kingdom of Heaven simply because they had eaten and drunk with Him or because they had listened to him preach. What really matters is a sincere and simple faith that shows itself through good works. And to this faith we have all been called. Simply being a member of one group or another does not guarantee salvation. To enter the Kingdom of God, each Christian has to make a personal effort trying, by all means, to live according to the teachings of Christ. He also has to struggle to carry the crosses that he encounters every day on his way. Furthermore, the Lord wants an essential part of our Christian vocation to be a selfless desire to evangelize, to announce to the world that Christ is Lord. Whoever decides to follow Christ becomes his disciple with the responsibility of helping others so that they too can find the narrow path that leads to heaven.

The Second Reading tells us that the most important part of evangelism is supporting people who are weak in faith. The most effective and simple way to evangelize is to show with our conduct and our charity that we are true followers of Christ. You have to set a good example so that others can understand that the narrow path that leads to heaven can become a wide path for those who truly love Christ. The Second Reading also reminds us that the Lord will come to gather all the nations and peoples of this world. Christ is present among us in the Eucharist and in the Blessed Sacrament. This we know. The Lord has already arrived and dwells among us. We just have to open our hearts to feel his presence and his love. We may know some people who still need to draw close to the love of Christ, who do not yet believe in the power of his love. It may even be some members of our own families who show lukewarm faith.

All Christians have been called to bear witness to Christ in this world. Our apostolic zeal must consist in having a great desire to bring many people closer to the Lord. In the midst of this world we must be guides who help others to find the way to the Lord. I know that saying that we should all try to evangelize will seem a little strange to some people. They think that evangelizing is for missionaries and, anyway, it is too difficult. Well, I tell these people that it is not difficult. Evangelism is done simply by our good example. But for that we have to lead a good life showing our faith and our good works. Serenity and trust in God in the face of difficulties and the desire to follow Jesus in the midst of a society that denies the existence of him are ways of evangelizing. But before beginning this great task of evangelization we must make sure that we have been evangelized ourselves. We must make an examination of conscience and ask ourselves if the people who treat us and know us can distinguish in us a disciple of Christ. We must also ask ourselves if our life, our example, is helping someone find the way to the Lord.

Vigésimo Segundo Domingo del Tiempo Ordinario
Ciclo C Tomo 3
Lecturas: (L1) Eclesiástico 3, 17-18. 20. 28-29 (L2) Hebreos 12, 18-19. 22-24a (Ev) Lucas 14, 1. 7-14

Las lecturas de la misa de hoy nos hablan de la virtud más fundamental de todas las demás, la humildad. No es de extrañar que el Señor expusiera la parábola que acabamos de escuchar en el Evangelio. Una de las cosas que dijo en esta parábola nos sigue siendo importante hoy en día. Dijo que cuando seamos invitados a alguna reunión, importante o no, debemos ir a sentarnos en los últimos lugares. Si hacemos esto puede ser que llegue el que nos invitó y nos diga que debemos ponernos en un lugar más importante. De esta manera quedaremos honrados ante las demás personas invitadas. Sin embargo si tratamos de ponernos en el primer puesto desde el principio, puede ser que él que nos invitó venga y nos diga que tenemos que ponernos en otro sitio porque ese puesto está reservado para otra persona más importante. Lo que quiere decirnos el Señor es que si queremos ser buenos cristianos debemos reconocer que el que se ensalza a sí mismo será humillado y el que se humilla será ensalzado. A través de esta parábola Nuestro Señor nos enseña la importancia de mantenernos en nuestro sitio. El Señor sabe que la ambición puede llegar a ocupar una parte importante de nuestra vida. Debemos tener mucho cuidado de no creer que debamos estar por encima de los demás. La ambición es una forma de soberbia. Y de la ambición también viene la envidia, ya que los que son ambiciosos nunca se sienten bien consigo mismos aunque tengan mucho, y siempre sienten envidia de los que tienen más.

En la sociedad que nos rodea se considera cómo personas importantes a los que tienen más autoridad. Las lecturas de nuestra misa hoy nos enseñan en qué consiste ser notables. Para Jesucristo las personas influyentes deben ser los que saben y quieren ser útiles a los demás. Nos dice que debemos ser humildes en todo y nos recuerda que cuando invitemos a personas a nuestra casa que no invitemos a fulano de tal porque es importante o porque nos va a pagar de alguna manera. Nos dice que debemos invitar con sinceridad y, a poder ser, al que más lo necesita. Porque lo importante no es que los invitados nos alaben o que hablen bien de nosotros o que nos deban un favor porque les hemos invitado. Para el Señor lo importante es que hagamos el bien para los otros, que les seamos útiles. Esta es la grandeza de alma de un buen cristiano. Y por esta razón muchas veces admiramos la grandeza de alma de las personas sencillas como la Madre Teresa de Calcuta que siempre decía que el Señor la había llamado a atender a los más pobres de los pobres. O la grandeza de una madre de familia que atiende y cuida a unos hijos difíciles. Esto es lo que se llama grandeza de alma. El cristiano será grande en la medida que haga cosas por los demás. Y no tienen que ser cosas que se vean mucho. A veces basta con una sonrisa, con un abrazo, un apretón de manos sincero, o una palabra amable.

Pidamos a Nuestra Señora, la Virgen María, que nos enseñe el camino para alcanzar la humildad. Precisamente nos enseña Nuestra Madre Amantísima que esta virtud consiste esencialmente en ceder ante las exigencias de Dios aunque nos pueda ser difícil llevar a cabo lo que nos pide. Aprendamos a reconocer nuestra pequeñez y a ver la grandeza de nuestro Dios. Recordemos que, en su humildad, lo primero que hizo María cuando fue elegida para ser Madre de Dios era reconocer la grandeza que le había sido revelada. Es entonces cuando se proclamó ser la esclava del Señor. Recordemos también que su humildad la empujó a ser útil a los demás y se puso inmediatamente en camino para visitar a su prima Santa Isabel que en ese momento, por ser ya mayor de edad y estar embarazada, la necesitaba. La Virgen nunca buscó hacer cosas para que se le notara. Nunca buscó su propia gloria ni deseó los primeros puestos. No buscaba ser considerada ni alabada, a pesar de ser la Madre de Dios. Ella siempre buscaba toda la gloria para Dios.

Sigamos el ejemplo de la Virgen María. Ninguna criatura jamás fue tan humilde como ella para seguir al Señor. Al confesarse esclava del Señor, fue convertida en la madre de Dios y se llenó de gozo. Pidámosle a Nuestra Madre Amantísima que el Señor nos dé la alegría de reconocer que somos nosotros también sus esclavos. De esta manera, llegaremos a ser mucho más como Jesús. No consideró su condición divina como algo de lo que tomar ventaja, sino que tomó la forma de un esclavo y nos salvó.

Twenty Second Sunday of Ordinary Time
Cycle C Book 3
Readings: (R1) Sirach 3:17-18, 20, 28-29 (R2) Hebrews 12:18-19, 22-24a (Gos) Luke 14:1, 7-14

Today's readings speak to us of the most fundamental virtue of all the others, humility. It is not surprising that the Lord expounded the parable that we just heard in the Gospel. One of the things he said in this parable is still important to us today. He said that when we are invited to some meeting, important or not, we should go and sit in the last places. If we do this, the one who invited us may come and tell us that we should put ourselves in a more important place. In this way we will be honored by the other people who have been invited. However, if we try to seat ourselves in a more important position from the beginning, it may be that the one who invited us will come and tell us that we have to sit in another place because that position is reserved for another more important person. What the Lord wants to tell us is that if we want to be good Christians we must recognize that whoever exalts himself will be humbled and whoever humbles himself will be exalted. Through this parable Our Lord teaches us the importance of staying in our place. The Lord knows that ambition can occupy an important part of our lives. We must be very careful not to believe that we should be above others. Ambition is a form of pride. And from ambition also comes envy, since those who are ambitious never feel good about themselves even if they have a lot, and they are always envious of those who have more.

In the society that surrounds us, those with more authority are considered important people. Our Mass readings today teach us what it means to be notable. For Jesus Christ, influential people must be those who know and want to be useful to others. He tells us that we should be humble in everything and he reminds us that when we invite people to our home that we do not invite so and so because they are important or because they are going to pay us in some way. He tells us that we should invite sincerely and, if possible, invite someone who needs it most. Because the important thing is not that the guests praise us or that they speak well of us or that they owe us a favor because we have invited them. The important thing for the Lord is that we do good for others, that we be useful to them. This is the bigheartedness of a good Christian. And for this reason many times we admire the generosity of simple people like Mother Teresa of Calcutta who always said that the Lord had called her to care for the poorest of the poor. Then there is the kindness of a mother who cares for and cares for difficult children. This is what is called greatness of soul. Christians will be generous to the extent that they do things for others. And they don't have to be things that are very visible. Sometimes a smile, a hug, a sincere handshake, or a kind word is enough.

Let us ask Our Lady, the Virgin Mary, to show us the way to achieve humility. Our Loving Mother teaches us precisely that this virtue essentially consists in yielding to God's demands, even though it may be difficult for us to carry out what he asks of us. Let's learn to recognize our humility and to see the greatness of our God. Let us remember that, in her humility, the first thing Mary did when she was chosen to be the Mother of God was to acknowledge the greatness that had been revealed to her. It is then that she proclaimed herself to be the servant of the Lord. Let us also remember that her humility pushed her to be useful to others and she immediately set out to visit her cousin Saint Elizabeth, who at that moment, being of advanced age and pregnant, needed her. The Virgin never tried to do things so that she would be noticed. She never sought her own glory or desired to be an important person. She did not seek to be great or praised, despite being the Mother of God. She always directed all the glory to God.

Let us follow the example of the Virgin Mary. No creature was ever as humble as she was to follow the Lord. When she confessed herself to be the servant of the Lord, she was became the Mother of God and was filled with joy. Let us ask Our Loving Mother that the Lord give us the joy of recognizing that we are also his servants. In this way, we will become much more like Christ, who did not view his divine status as something to take advantage of, but instead took the form of a slave and saved us.

Vigésimo Tercer Domingo del Tiempo Ordinario
Ciclo C Tomo 3
Lecturas: (L1) Sabiduría 9, 13-18b (L2) Filemón 9-10. 12-17 (Ev) Lucas 14, 25-33

En el Evangelio, el Señor dice claramente, *"Quien no lleve su cruz detrás de mí no puede ser discípulo mío"*. Lo dice sin vacilaciones. Lo que Él exige a cada persona que esté dispuesta a seguirle es que deje todo lo que le puede atar a una vida cómoda y fácil de vivir. Al reflexionar sobre las palabras que hemos escuchado de Jesús en el Evangelio sabemos que nos está hablando a nosotros a través de los siglos y nos puede parecer duro hacer lo que nos exige al pie de la letra. Nos pide, si queremos seguirle, desprendernos de las cosas que nos ofrece la vida, de los lazos familiares, e incluso de nuestra propia persona, en suma, de todo lo que puede entre ponerse entre nosotros y Él.

Es lógico que para ser un buen cristiano lo que más debe importarnos es aprender cómo acercarnos más a Cristo, como ser su discípulo, como procurar seguirle fielmente en medio de nuestras preocupaciones. Debe ser la meta más importante de nuestra vida. Y para llevar esto a buen término es necesario hacer un examen de conciencia frecuentemente y meditar sobre lo que hemos hecho, lo que estamos haciendo y lo que queremos hacer para fortalecer nuestra vida espiritual. El que rehúsa hacer esto demuestra que no quiere reconocer sus debilidades y crecer en el amor a Dios. Tampoco puede crecer espiritualmente. Además, si no tiene costumbre de hacer examen de conciencia a menudo, sus sentimientos se inclinarán hacia la tibieza. La tibieza significa ser tibio en todo, ni frío ni caliente, solo en algún punto intermedio. Puede conducir a la muerte de la vida espiritual cristiana ya que no nos permite distinguir en nuestra vida diaria entre el bien y el mal, entre las buenas inclinaciones y las tentaciones.

Un examen de conciencia nos ayuda a mejorar nuestra vida, si es necesario. Nos enseña a ver los muchos recursos con que contamos. Además de ayudarnos a vencer los defectos propios, nos es útil cuando pedimos la ayuda del Señor para corregirlos. Al examinar los hechos diarios de la vida, seguramente veremos que Dios nos ha dado, y nos sigue dando, muchos dones que podremos usar para vencer al enemigo. Conocerse uno mismo no es fácil. El enemigo siempre está rondando alrededor de nosotros buscando la manera de tentarnos para que le sigamos a él en vez de ser fieles al Señor. Por eso siempre tenemos que estar prevenidos contra el demonio porque intentará cegarnos a nuestras imperfecciones, a nuestras flaquezas, a los defectos arraigados a nuestra alma.

Las lecturas de hoy nos muestran que Dios quiere que vivamos el evangelio plenamente. No podemos más o menos vivir el evangelio. Vivir el evangelio quiere decir seguir al Señor con entrega total. Y esto no es nada fácil ya que el Señor nos dice que como buenos discípulos suyos debamos seguirle hasta la gloria de su resurrección. Pero primero tenemos que pasar por el sufrimiento del Calvario. El Papa Juan Pablo II nos dijo vez tras vez que el cristiano que quiere seguir a Cristo tiene que aceptar las penas y las angustias de cada día y ofrecérselas a Dios como una mortificación voluntaria. Siendo Dios, Cristo aceptó con amor el dolor, los sufrimientos y las dificultades de la vida humana para poder salvarnos. De esta manera nos enseñó que el dolor, la enfermedad y el sufrimiento llevados con resignación son muestras de una vida espiritual saludable ya que son medios de santidad. Es importante reconocer que aunque haya muchos adelantos en la ciencia y la medicina siempre habrá sufrimiento en la vida de todos los seres humanos. No podremos desprendernos de nuestras cruces diarias por mucho que hagamos nosotros mismos para evitarlas. Por eso tenemos que aprender a llevarlas con enteresa. Si pedimos a Jesús que nos ayude a llevar bien las tribulaciones y el dolor, Él nos enseñará a vivir las penas y las pruebas diarias con resignación.

Nos hemos reunido hoy en esta Santa Misa en comunidad para celebrar juntos la alegría que nos da reconocer que Dios está aquí, entre nosotros. Al hacer esto reconocemos que la fuerza que necesitamos para vivir la vida proviene de Cristo. Al comer su carne y beber su sangre pidámosle a Nuestro Señor que nos fortalezca para que podamos recorrer el camino de la vida siempre fieles a Él y a sus enseñanzas.

Twenty Third Sunday of Ordinary Time
Cycle C Book 3
Readings: (R1) Wisdom 9:13-18b (R2) Philemon 9-10, 12-17 (Gos) Luke 14:25-33

In the Gospel, the Lord clearly says, *"Whoever does not carry his own cross and come after me cannot be my disciple."* He says it without hesitation. What He requires of each person who is willing to follow Him is to give up everything that can tie them to a comfortable and easy life to live. As we reflect on the words we have heard from Jesus in the Gospel we know that he is speaking to us through the centuries and it can seem hard to do what he requires of us verbatim. If we want to follow him, he asks us to detach ourselves from the things that life offers us, from family ties, and even from our own person, in short, from everything that can come between us and Him.

It is logical that in order to be a good Christian, what should matter most to us is learning how to get closer to Christ, how to be his disciple, how to try to follow him faithfully in the midst of our concerns. It must be the most important goal of our life. And to bring this to fruition it is necessary to do an examination of conscience frequently and meditate on what we have done, what we are doing and what we want to do to strengthen our spiritual life. Whoever refuses to do this shows that they do not want to acknowledge their weaknesses and grow in love for God. They cannot grow spiritually either. Furthermore, if they are not in the habit of examining their conscience often, their feelings will tend towards tepidity. Tepidity means being lukewarm about everything, neither cold nor hot, just somewhere in between. It can lead to the death of Christian spiritual life since it does not allow us to distinguish in our daily life between good and evil, between good inclinations and temptations

An examination of conscience helps us to improve our life, if necessary. It teaches us to see the many resources we have. In addition to helping us to overcome our own defects, it is useful to us when we ask the Lord for help to correct them. As we examine the daily facts of life, we will surely see that God has given us, and continues to give us, many gifts that we can use to defeat the enemy. Knowing yourself is not easy. The enemy is always hovering around us looking for a way to tempt us to follow him instead of being faithful to the Lord. That is why we always have to be aware of the devil because he will try to blind us to our imperfections, to our weaknesses, to the defects rooted in our soul.

Today's readings show us that God wants us to live the gospel fully. We cannot more or less live the Gospel. Living the Gospel means following the Lord, totally surrendering to Him. And this is not easy at all since the Lord tells us that as good disciples we should follow him to the glory of his resurrection. But first, we have to go through the suffering of Calvary. Pope John Paul II told us time after time that the Christian who wants to follow Christ has to accept the pains and anguish of each day and offer them to God as a voluntary mortification. Being God, Christ lovingly accepted the pain, sufferings, and difficulties of human life in order to save us. In this way he taught us that pain, illness and suffering borne with resignation are signs of a healthy spiritual life since they are a means of holiness. It is important to recognize that although there are many advances in science and medicine, there will always be suffering in the lives of all human beings. We will not be able to let go of our daily crosses no matter how much we do to avoid them. That is why we have to learn to carry them with integrity. If we ask Jesus to help us cope with tribulations and pain, He will teach us to live through our daily trials and tribulations with resignation.

We have gathered today at this Holy Mass in community to celebrate together the joy that it gives us to recognize that God is here, among us. By doing this we recognize that the strength we need to live life comes from Christ. By eating his flesh and drinking his blood let us ask Our Lord to strengthen us so that we can walk the path of life always faithful to Him and to his teachings.

Vigésimo Cuarto Domingo del Tiempo Ordinario
Ciclo C Tomo 3
Lecturas: (L1) Éxodo 32, 7-11. 13-14 (L2) 1 Timoteo 1, 12-17 (Ev) Lucas 15, 1-32

San Lucas nos muestra, en su Evangelio, la enorme misericordia de Dios hacia nosotros. Siempre está dispuesto a perdonarnos sin importarle que hayamos sido grandes pecadores ó que llevemos muchos años sin pedirle perdón en la confesión. Para Él lo que importa es nuestro arrepentimiento, es nuestro propósito a dejar la vida de pecado de antes, arrepentirnos de los que hemos hecho, confesar nuestros pecados y empezar de nuevo cumpliendo los mandamientos y siendo fieles a Él.

Los cuatro evangelistas nos dicen que los Fariseos siempre estaban rondando a Jesús, no para aprender de él, sino por si acaso escucharan algo que pudiera ser usado en su contra. Estos vieron que se acercaban al Señor publicanos y pecadores. Viendo esto, los Fariseos protestaban entre ellos contra Jesús. Al percibir las intrigas de estas personas, Jesús les contó la parábola de las 99 ovejas. Esta parábola nos enseña la alegría que hay en el cielo cada vez que un pecador se arrepiente. Si alguno de nosotros conocemos a alguien que fue gran pecador, se arrepintió y ahora lleva una vida ejemplar, tengamos cuidado de no despreciarlo o hacerle sentir que nosotros somos mejores que ellos, como hacían los Fariseos.

Después de proponerles a los fariseos esta primera parábola, Jesús les propuso otra, la del Hijo Prodigo. Un hombre tenía dos hijos. El más joven le dijo a su padre, *"Dame la parte de la herencia que me pertenece."* Pasaron unos días y el hijo, reuniendo todas sus pertenencias partió a tierras lejanas. Allí malgastó toda su herencia viviendo una vida desordenada. Cuando cualquier persona peca gravemente se aleja de Dios y pierde el sentido de lo bueno y lo malo. El pecado le desorienta y le desvía del camino que el Señor dice que debe seguir para llegar al cielo.

Solo podemos cambiar nuestra vida pecaminosa cuando decidimos reflexionar sobre donde nos está llevando la vida de pecado que vivimos. Esto es lo que hizo el hijo pródigo de la parábola. Empezó a sentir nostalgia de la casa paterna y a extrañar sus seres queridos. Incluso empezó a sentir hambre. Entonces decidió volver a la casa de su padre. En realidad, lo que estaba haciendo es lo que llamaríamos nosotros un examen de conciencia. Contrastaba cómo vivía en la casa paterna con el miserable estado en el que había caído. Solo cuando se puso a pensar sobre su vida pudo recapacitar. Mientras pecaba el joven, Satanás siempre le acompañaba diciéndole que la vida que vivía era divertida y placentera. Sin embargo, al no poder seguir adelante con esa vida desenfrenada, Satanás lo abandonó y el hijo pródigo ya no podía seguir justificando el pecado. Cuando el pecador quiere seguir pecando le es imposible arrepentirse. Para arrepentirnos de nuestros pecados es necesario contemplar nuestras propias acciones con valentía y con honestidad.

Todos debemos reconocer con honestidad que somos pecadores. Hasta los grandes santos lo hicieron. Para que pudiéramos reconciliarnos con el padre, para volver a la casa paterna, el Señor Jesucristo instituyó el Sacramento de la Confesión, que también se llama, y con razón, Sacramento de Reconciliación. A través de este sacramento Nuestro Padre celestial nos espera para recibirnos con alegría como fue recibido el hijo pródigo por su padre en la parábola que hemos escuchado hoy. La iglesia nos dice que debemos confesarnos a menudo porque sabe que esta es la única manera de crecer espiritualmente.

El hijo pródigo llegó a la casa de su padre hambriento y desmoralizado. No sabía si iba a ser aceptado. Pero el padre le esperaba con ansia y se alegró al verlo. Nosotros, como el hijo pródigo, también sentimos el amor y la misericordia de nuestro Padre cuando nos confesamos. Los católicos tenemos la dicha de tener la Confesión, un sacramento instituido por Jesucristo, Nuestro Señor, para que pudiéramos sentir la alegría del perdón de Dios. El amor paterno de Dios se inclina hacia todo pecador que siente remordimiento y desea reconciliarse con Él. Cuando decidimos confesar nuestros pecados estamos pidiendo a nuestro Padre Celestial que nos perdone. Por esta razón instituyó Jesucristo el Sacramento de la Reconciliación, para que pudiéramos volver siempre, vez tras vez, a la casa paterna.

Twenty Fourth Sunday of Ordinary Time
Cycle C Book 3
Readings: (R1) Exodus 32:7-11, 13-14 (R2) 1 Timothy 1:12-17 (Gos) Luke 15:1-32

Saint Luke shows us, in his Gospel, the enormous mercy of God towards us. He is always willing to forgive us regardless of whether we have been great sinners or that we have not asked for forgiveness in confession for many years. For Him what matters is our repentance, it is our purpose to leave the life of sin of before, to repent of what we have done, confess our sins and start again by keeping the commandments and being faithful to Him.

The four evangelists tell us that the Pharisees were always hovering around Jesus, not to learn from him, but just in case they heard something that could be used against them. They saw that publicans and sinners were drawing near to the Lord. Seeing this, the Pharisees protested among themselves against Jesus. Upon perceiving the intrigues of these people, Jesus told them the parable of the 99 sheep. This parable teaches us the joy in heaven every time a sinner repents. If any of us know someone who was a great sinner, who has repented and now leads an exemplary life, let us be careful not to despise him or make him feel that we are better than they, as the Pharisees did.

After proposing this first parable to the Pharisees, Jesus proposed another, that of the Prodigal Son. A man had two children. The youngest said to his father, *"Give me the part of the inheritance that belongs to me."* A few days passed and the son, gathering all his belongings, left for distant lands. There he wasted his entire inheritance living a disordered life. When anyone sins, they turn away from God and lose their sense of right and wrong. Sin disorients them and causes them to deviate from the path that the Lord says they must follow to get to heaven.

We can only change our sinful life when we decide to reflect on where the life of sin that we live is leading us. This is what the prodigal son in the parable did. He began to feel nostalgic for his father's home and to miss his loved ones. He even started to feel hungry. So he decided to go back to his father's house. In reality, what he was doing is what we would call an examination of conscience. He contrasted how he lived in his parental home with the miserable state in which he had fallen. Only when he began to think about his life could he reconsider. While the young man sinned, Satan always accompanied him, telling him that the life he lived was fun and pleasant. However, unable to carry on with that unbridled life, Satan abandoned him and the prodigal son could no longer justify sin. When the sinner wants to continue sinning, it is impossible for him to repent. To repent of our sins it is necessary to contemplate our own actions with courage and honesty.

We must all honestly acknowledge that we are sinners. Even the great saints did that. In order for us to be reconciled with the father, in order for us to return to the parental home, the Lord Jesus Christ instituted the Sacrament of Confession, which is also called, and rightly so, the Sacrament of Reconciliation. Through this sacrament, our heavenly Father waits for us to receive us with joy as the prodigal son was received by his father in the parable that we have heard today. The church tells us that we should go to confession often because she knows that this is the only way to grow spiritually.

The prodigal son came to his father's house hungry and demoralized. He didn't know if he was going to be accepted. But the father was looking forward to him and was glad to see him. We, like the prodigal son, also feel the love and mercy of our Father when we confess. Catholics have the joy of having Confession, a sacrament instituted by Jesus Christ, Our Lord, so that we could feel the joy of God's forgiveness. God's paternal love is directed toward every sinner who feels remorse and wants to be reconciled to Him. When we decide to confess our sins we are asking our Heavenly Father to forgive us. For this reason Jesus Christ instituted the Sacrament of Reconciliation, so that we could always return, time after time, to our father's home.

Vigésimo Quinto Domingo del Tiempo Ordinario
Ciclo C Tomo 3
Lecturas: (L1) Amós 8,4-7 (L2) 1 Timoteo 2, 1-8 (Ev) Lucas 16, 1-13

En la primera lectura de nuestra misa hoy oímos los terribles reproches que el profeta Amós da a los comerciantes de su tiempo. Sin duda estas palabras tan duras sorprendieron al pueblo ya que la injusticia estaba tan sólidamente implantada en la sociedad que a nadie le parecía mal. Los adinerados estaban tranquilos y satisfechos, a pesar de la injusticia que cometían diariamente contra los más necesitados. El profeta criticaba duramente a los poderosos de su tiempo diciéndoles que se enriquecían a costa de los pobres. Hacían subir los precios en los momentos de más necesidad. Las mercancías que vendían estaban en mal estado. Y robaban en el peso. Los altos precios y las leyes injustas esclavizaban al pueblo. Y todo esto pasaba para que los ricos se hicieran más ricos. El profeta les echa en cara que hasta les moleste tener que celebrar el Día del Señor en comunidad porque perdían un día en el que podían vender sus productos inferiores a precios injustos. Les advierte el profeta Amós que Dios nunca olvidará las acciones deshonestas que cometen contra los pobres. No se puede alabar al Señor con la boca y despreciarlo con los hechos.

Las lecturas de Evangelio de San Lucas que hemos estado escuchando durante las últimas semanas nos muestran al Señor con una actitud similar al del profeta Amós ante las personas deshonestas. Precisamente sabemos que Jesús trataba de enseñar a los ricos y a los poderosos, a través de parábolas. Les decía que tenían que cambiar sus vidas si querían seguirle a Él. No se puede llamar seguidor de Cristo a una persona que maltrata a sus hermanos y hermanas en Cristo.

En el Evangelio de hoy, el Señor nos enseña mediante una parábola sorprendente la habilidad de un administrador que fue llamado por su amo para que le rindiera cuentas. Su amo lo acusó de desperdiciar su propiedad. El administrador astuto, a punto de ser despedido por sus acciones deshonestas, comenzó a reflexionar sobre lo que le podía esperar en el futuro y trabajó a destajo para asegurarse de que su propio futuro estuviera asegurado, a pesar de que iba ser despedido por su deshonestidad. Casi cada día nos cruzamos con personas tan avaras y deshonestas cómo este administrador. Son personas que se afanan en obtener dinero sin importarles la manera de conseguirlo. Atropellan a sus hermanas y hermanos más marginados y necesitados. Lo importante para ellos es vivir cómodamente subiendo la escala social lo más rápido posible. Los que nos llamamos cristianos tenemos la obligación de protestar cuando vemos tales cosas. Debemos luchar contra la avaricia y la injusticia como lo hizo Jesucristo en sus tiempos.

No cabe duda que la injusticia dejaría de existir si no hubiera tanta soberbia y tanto deseo de adquirir mucho más de lo que se necesita para vivir cómodamente. Es triste ver estas actitudes en las personas de de todas las edades, desde el más joven hasta el más anciano. Pero quizás nos entristece más ver que la sociedad en que vivimos enseña esta actitud a nuestros niños y jóvenes a través del ejemplo de los más famosos del cine y la televisión. Los jóvenes y niños de esta forma aprenden a vivir como si solo existiera lo de aquí abajo, como si esta vida terrena fuera para siempre. Pero lo que no les enseña es que, aunque no es malo disfrutar de lo que Dios nos da, nada en esta vida se puede comparar con seguir a Cristo. No se puede amar al dinero como si fuera nuestro dios. No se puede servir a Dios y al dinero. Solo hay un Dios y debemos servirle con todas nuestras fuerzas.

El Señor nos exhorta a vivir la vida con caridad siendo justos con todos y compartiendo lo que tenemos con los más necesitados. Pidamos al Espíritu Santo que nos ayude a mejorar nuestra vida día a día para que sea un verdadero servicio a Dios y a nuestro prójimo. De esta manera cuando llegue la hora de dar cuentas a Dios de nuestra vida seremos considerados como buenos administradores de los talentos que nos dio en vida.

Twenty Fifth Sunday of Ordinary Time

Cycle C Book 3
Readings: (R1) Amos 8:4-7 (R2) 1 Timothy 2:1-8 (Gos) Luke 16:1-13

In the first reading of our mass today we heard the terrible reproaches that the prophet Amos uttered about the merchants of his time. Undoubtedly, these harsh words surprised the people since injustice was so firmly implanted in society that no one thought it wrong. The wealthy were calm and satisfied, despite the injustice they committed daily against the neediest. The prophet harshly criticized the powerful of his time, telling them that they were getting rich at the expense of the poor. They raised prices in times of greatest need. The goods they were selling were in poor condition. And they cheated on the weight of the goods they sold. High prices and unjust laws enslaved the people. And all this happened so that the rich could get richer. The prophet accuses them of resenting having to celebrate the Lord's Day in community because they lost a day when they could sell their inferior products at unfair prices. The prophet Amos warns them that God will never forget the dishonest actions they commit against the poor. You cannot praise the Lord with your mouth and show that you really despise Him with your deeds.

The readings from the Gospel of Saint Luke that we have been listening to during the last weeks show us the Lord with an attitude similar to that of the prophet Amos towards dishonest people. We know that Jesus tried to teach the rich and the powerful, through parables. He told them that they had to change their lives if they wanted to follow Him. A person who mistreats his brothers and sisters in Christ cannot be called a follower of Christ.

In today's Gospel, the Lord teaches us through an astonishing parable the skill of a manager who was called by his master to render an account to him. His master accused him of wasting his property. The shrewd manager, on the brink of being fired for his dishonest actions, began to ponder what might lie ahead for him and worked hard to ensure his own future was secured, even though he was to be fired for his dishonesty. . Almost every day we come across people as greedy and dishonest as this administrator. They are people who strive to obtain money without caring about the way they get it. They run over the most marginalized of their needy sisters and brothers. The important thing for them is to live comfortably climbing the social ladder as quickly as possible. Those of us who call ourselves Christians have an obligation to protest when we see such things. We must fight against greed and injustice as Jesus Christ did in his time.

There is no doubt that injustice would cease to exist if there were not so much pride and so much desire to acquire much more than what is needed to live comfortably. It is sad to see these attitudes in people of all ages, from the youngest to the oldest. But perhaps it saddens us more to see that the society in which we live teaches this attitude to our children and young people through the example of the most famous actors of cinema and television. Young people and children learn to live as if only earthy goods mattered, as if this earthly life were forever. But what it does not teach them is that, although it is not bad to enjoy what God gives us, nothing in this life can be compared to following Christ. We cannot love money as if it were our god. We cannot serve God and money. There is only one God and we must serve Him with all our might.

The Lord exhorts us to live life charitably, being fair to everyone and sharing what we have with those most in need. Let us ask the Holy Spirit to help us improve our life every day so that it is a true service to God and our neighbor. In this way, when the time comes to give an account to God for our lives, we will be considered as good administrators of the talents that he gave us in life.

Vigésimo Sexto Domingo del Tiempo Ordinario
Ciclo C Tomo 3
Lecturas: (L1) Amós 6, 1a. 4-7 (L2) 1 Timoteo 6, 11-16 (Ev) Lucas 16, 19-31

Las lecturas hoy nos hablan de dos pecados que nos pueden condenar al infierno aunque muchas personas ni siquiera consideran que sean pecados: la indiferencia y la avaricia. En el Evangelio hoy, el Señor describe a un hombre que sacaba provecho de sus bienes pero, para desgracia suya, en vez de ganarse el cielo con esos bienes, lo único que ganó era su propio castigo eterno. Se condenó a sí mismo a una eternidad de sufrimiento. Los bienes de los que tanto disfrutaba los tuvo que dejar todos aquí al llegar la hora de su muerte. Lo peor de todo no era tener esos bienes materiales. Era que a pesar de tener tanto, no los usaba para ayudar a otras personas.

La parábola del hombre rico nos habla de los grandes contrastes de la vida diaria, de personas excesivamente ricas y de otras con extrema necesidad. Al contar esta parábola, el Señor nos dice, a través de los siglos, que debemos tener cuidado con el uso que hacemos de los bienes que Dios nos ha dado. Tengamos en cuenta que en la parábola del evangelio de hoy, el hombre rico no fue condenado porque hizo algo indebido contra Lázaro. No lo explotó, como hoy hacen muchos al hermano caído. No le robó. Ni siquiera le habló. El hombre rico simplemente no vio a Lázaro, a quien hubiera podido hacer feliz con menos egoísmo y menos afán de cuidarse de lo suyo y de él mismo. El problema fue que el hombre rico no supo compartir. Aunque Lázaro se yacía a la puerta del hombre rico, lleno de llagas, para el rico era como si la pobreza de Lázaro no existiera. Su pecado fue ser indiferente. La indiferencia es el pecado que Jesús condena en esta parábola. Aquí quiero recordarles que la indiferencia es un pecado que puede causar mucho dolor. Hiere y ofende más que un insulto. Y a veces, cuando la indiferencia es grande, hace más daño que una bofetada.

Todos hemos experimentado la indiferencia alguna vez. A veces pasamos por una reunión de conocidos y ni siquiera nos saludan. Nos ignoran completamente. Esta indiferencia hace daño y nos preguntamos ¿cómo pueden algunas personas adoptar esta actitud?

No nos engañemos diciéndonos a nosotros mismos que al no hacer nada por el prójimo o cuando ignoramos a alguien que necesita ser escuchado y visto, no hacemos mal a nadie. Si nos hacemos los desentendidos cuando vemos los problemas de otras personas, no podemos decirnos a nosotros mismos: No peco. No hago daño a nadie. No le pego a mi esposa. No soy infiel a mi esposo. No robo. No mato. No tengo problemas de drogas ni con la policía. Hay muchos esposos que jamás han levantado la mano contra sus esposas. Hay muchas esposas que jamás han sido infieles. Hay muchos ricos que hicieron sus fortunas sin robar nada a nadie. Todo eso está muy bien. Pero debemos recordar que si nos olvidamos o ignoramos las legítimas necesidades de otras personas pudiendo remediarlas cometemos el pecado de la indiferencia. Y el Señor nos dice en el Evangelio que este es un pecado que Dios condena.

En la Segunda Lectura, San Pablo recuerda a su amigo Timoteo que la raíz de todos los males es la avaricia y que si no tenemos cuidado con ella perderemos la fe. San Pablo le dice que debe huir de la avaricia y buscar la justicia. Le recuerda que en esta vida se gana la vida eterna, que es para lo que todos hemos sido llamados.

La avaricia vuelve al ser humano indiferente a las necesidades de sus hermanos y hermanas en la fe. Sin embargo, tenemos la obligación de atender a todos los que nos rodean como lo hicieron los primeros cristianos. Debemos enseñar, con nuestro ejemplo, a no ser vanidosos, a no gastar desenfrenadamente, incluso teniendo dinero, y a llevar una vida sobria. Sobre todo debemos practicar la caridad con nuestros hermanos. San Pablo nos exhorta a no apegarnos a las cosas de este mundo. Porque cuando nuestro corazón está apegado a los bienes materiales es muy difícil poder ver las necesidades de los demás. Y, claro, si no vemos las necesidades de nuestro prójimo es muy difícil ver la imagen de Dios en ellos.

Cristo nos dice que la solución a este mal que aqueja a nuestra generación indiferente y materialista es el amor. El Señor nos pide que con nuestro esfuerzo y nuestro ejemplo tratemos de cambiar esta sociedad.

Twenty Sixth Sunday of Ordinary Time
Cycle C Book 3
Readings: (R1) Amos 6:1a, 4-7 (R2) 1 Timothy 6:11-16 (Gos) Luke 16:19-31

The readings today tell us about two sins that can condemn us to hell, even though many people do not even consider them to be sins: indifference and greed. In today's Gospel, the Lord describes a man who profited from his possessions but, unfortunately for him, instead of earning heaven with those possessions, the only thing he gained was his own eternal punishment. He condemned himself to an eternity of suffering. He had to leave behind the goods he enjoyed so much at the time of his death. Worst of all, he was not that he had those material goods. It was that despite having so much, he did not try to help other people.

The parable of the rich man describes the great contrasts of daily life, of excessively rich people and of others in dire need. In telling this parable, the Lord tells us, through the centuries, that we must be careful how we use the goods that God has given us. Let's keep in mind that in today's gospel parable, the rich man was not condemned because he did something wrong against Lazarus. He did not exploit him, as many do to the fallen brother today. He did not steal from him. He didn't even speak to him. The rich man simply did not see Lazarus, whom he could have made happy with less selfishness and less eagerness to take care of himself and only himself. The problem was that the rich man did not know how to share. Although Lazarus lay at the rich man's door, full of sores, for the rich man it was as if Lazarus' poverty did not exist. His sin was indifference. Indifference is the sin that Jesus condemns in this parable. Here I want to remind you that indifference is a sin that can cause a lot of pain. It hurts and offends more than an insult. And sometimes, when the indifference is great, it does more harm than a slap to the face.

We have all experienced indifference at times. Sometimes we go through a meeting of acquaintances and they don't even say hello. They completely ignore us. This indifference hurts and we wonder how some people can adopt this attitude? This indifference also occurs in families and between spouses.

Let's not fool ourselves by thinking that by doing nothing for others or when we ignore someone who needs to be heard and seen, we are doing no harm to anyone. If we ignore others when we see that they have problems, we cannot say to ourselves: I am not sinning. I don't hurt anyone. I don't hit my wife. I am not unfaithful to my husband. I do not steal. I do not kill. I have no drug or police problems. There are many husbands who have never raised their hands against their wives. There are many wives who have never been unfaithful. There are many rich people who made their fortunes without stealing anything from anyone. This is all very good. But we must remember that if we forget or ignore the legitimate needs of other people when we can remedy them, we commit the sin of indifference. And the Lord tells us in the Gospel that this is a sin that God condemns.

In the Second Reading, Saint Paul reminds his friend Timothy that the root of all evil is greed and that if we are not careful it can cause us to lose our faith. Saint Paul tells him that he must flee from greed and seek justice. It reminds us that in this life we earn eternal life, which is what we have all been called to do.

Greed renders us indifferent to the needs of our brothers and sisters in faith. We have an obligation to care for everyone around us as the early Christians did. We must teach, by our example, not to be vain, not to spend wildly, even with have a lot of money, and to lead a sober life. Above all we must practice charity with our brothers and sisters. Saint Paul exhorts us not to become attached to the things of this world. Because when our heart is attached to material goods, it is very difficult to see the needs of others. And, of course, if we do not see the needs of our neighbor it is very difficult to see the image of God in them.

Christ tells us that the solution to this evil that afflicts our indifferent and materialistic generation is love. The Lord tells us that with our effort and our example we should try to change this society.

Vigésimo Séptimo Domingo del Tiempo Ordinario
Ciclo C Tomo 3
Lecturas: (L1) Habacuc 1, 2-3; 2. 2-4 (L2) 2 Timoteo 1, 6-8. 13-14 (Ev) Lucas 17, 5-10

La misa de este domingo se centra en la virtud de la fe. La fe es un don de Dios que nos llama a vivir cada día con alegría, como buenos hijos e hijas de Dios, siendo pacientes y pidiendo al Señor no solo que nos conceda la fe, sino también la esperanza y la caridad.

Nuestra primera lectura es del libro del profeta Habacuc. Fue el primero de los profetas que se atrevió a pedir cuentas a Dios. Cuando pronunció sus oráculos, los asirios habían saqueado Israel. El profeta se queja ante el Señor porque el mal había triunfado y le pregunta a Dios: *"¿Hasta cuándo, Señor, puedo pedir ayuda sin que me prestes atención?"* El Señor responde que debe tener paciencia, que llegará el día en que los malvados serán castigados. Cuando el mal triunfa, los que no llevan una vida recta perecen, pero los justos viven porque tienen fe. A veces también nos parece que la maldad triunfa. E incluso nos parece que los que lo llevan a cabo son precisamente los que derrocan a los buenos del poder. Es casi como si Dios no existiera o se había olvidado de nosotros. Pero el Señor nos asegura que en tiempos difíciles, cuando parezca que la lucha se ha perdido, no nos abandonará. No debemos temer. A cada uno le llegará el día de juicio y el que salga victorioso será el que se haya mantenido fiel al Señor. Como nos dice el profeta Habacuc, en la primera lectura de la misa, el justo vivirá porque ha sido fiel y no será derrotado. Ni siquiera los fracasos, los reveses, las injusticias y las enfermedades no deben hacernos perder la fe en Cristo. Los que tenemos fe no nos dejamos llevar por la desesperación. Los buenos cristianos encentran su fuerza en Dios. Reconocen que el dolor y el sufrimiento son parte de la vida y se los ofrecen a Dios. La persona que vive su vida según las enseñanzas de Cristo recibirá la gracia sobrenatural para seguir luchando con amor y perseverancia hasta superar las dificultades. De esta manera logrará la salvación.

A veces Jesús llamó a los apóstoles *"hombres de poca fe"* (Mateo 8: 26). El evangelio de hoy nos dice que en una ocasión los apóstoles le pidieron al Señor: *"Aumenta nuestra fe"*. Y Jesús respondió con una figura literaria enseñándoles que no basta con decir de boca que somos cristianos. Es necesario interiorizar las enseñanzas de Nuestro Señor, creerlas con el corazón y convertirlas en hechos concretos. Los cristianos creemos que nuestra fe es un don de Dios. Es por eso que no podemos usarlo simplemente como adorno. Hay que vivirlo desde el corazón. Si realmente mostremos nuestra fe cristiana, nuestra vida será un buen ejemplo para familia, conocidos y amigos. Y si siguen nuestro ejemplo, dando un buen ejemplo a su vez a otras personas, habremos iniciado el proceso de salvar a esta sociedad de todos sus males. Los cristianos hemos sido llamados por Jesucristo, Nuestro Señor, a hacer grandes cosas con la ayuda de Dios. Pero es importante recordar que debemos hacer todo lo que hacemos mostrando un espíritu humilde, haciendo las cosas de la mejor manera posible simplemente para traer gloria a Dios y no a nosotros mismos. Si vivimos nuestra fe con integridad y amor, podemos hacer cosas maravillosas, a pesar de nuestras limitaciones y nuestros pecados.

A veces nos encontramos faltos de fe, como los apóstoles, especialmente cuando caemos en el pecado o tenemos dificultades. Es precisamente en estas ocasiones en las que necesitamos más fe no menos. La fe fuerte se logra a través de la petición constante en oración. Pidámosle a Jesús a menudo usando las mismas palabras que usaron los apóstoles: *"Señor, auméntanos la fe"*. Debemos repetir esta breve oración varias veces al día. Podemos hacer esto en cualquier lugar, incluso en el trabajo. Nos ayudará a fortalecer nuestra fe cuando nos encontremos en necesidad o en peligro. La fe es un don que Dios nos da libremente. Pero si no le pedimos que lo aumente, no podremos sostenerlo.

A veces sentimos que nuestra fe es tan pequeña como una semilla de mostaza. Esto no debería asustarnos. Dios sabe que somos débiles y nos dará la fuerza necesaria si la pedimos. Pidámosle al Señor para que nos de la fuerza de voluntad para ser fieles a Él hasta el fin de nuestros días.

Twenty Seventh Sunday of Ordinary Time

Cycle C Book 3
Readings: (R1) Habakkuk 1:2-3; 2:2-4 (R2) 2 Timothy 1:6-8, 13-14 (Gos) Luke 17:5-10

This Sunday's Mass focuses on the virtue of faith. Faith is a gift from God that calls us to live each day with joy, as good sons and daughters of God, being patient and asking the Lord not only to grant us faith, but also hope and charity.

Our first reading is from the book of the prophet Habakkuk. He was the first of the prophets who dared to hold God to account. When he spoke his oracles, the Assyrians had sacked Israel. The prophet complains to the Lord because evil had triumphed and asks God: *"How long, Lord, can I ask for help without your paying attention to me?"* The Lord answers that he must be patient, that the day will come when the wicked will be punished. When evil triumphs, those who do not lead righteous lives perish, but the righteous live because of their faith. Sometimes it also seems to us that evil triumphs. And it even seems to us that those who carry it out are precisely those who overthrow the good people in power. It is almost as if God does not exist or has forgotten about us. But the Lord assures us that in difficult times, when it seems that the fight is lost, He will not abandon us. We must not fear. The day of judgment will come to each and the one who is victorious will be the one who has remained faithful to the Lord. As the prophet Habakkuk tells us, in the first reading of the Mass, the just will live because they have been faithful and will not be defeated. Even failures, setbacks, injustices, and illnesses shouldn't make us lose faith in Christ. Those of us who have faith are not carried away by despair. Good Christians find strength in God. They recognize that pain and suffering are part of life and offer them to God. Those who live their lives according to the teachings of Christ will receive supernatural grace to continue struggling with love and perseverance until difficulties are overcome. In this way they will achieve salvation.

Sometimes Jesus called the apostles *"men of little faith"* (Matthew 8:26). Today's Gospel tells us that on one occasion the apostles asked the Lord: *"Increase our faith."* And Jesus responded with a literary figure teaching them that it is not enough to say by mouth that we are Christians. We must internalize the teachings of Our Lord, believe them with the heart and turn them into concrete acts. Christians believe that our faith is a gift from God. That is why we cannot just be an ornament in or lives. We have to live it from the heart. If we really show our Christian faith, our life will be a good example for family, acquaintances and friends. And if they follow our example, setting a good example for other people, we will have started the process of saving this society from all its evils. Christians have been called by Jesus Christ, Our Lord, to do great things with the help of God. But it is important to remember that we must do everything we do showing a humble spirit, doing things in the best possible way simply to bring glory to God and not to ourselves. If we live our faith with integrity and love, we can do wonderful things, despite our limitations and our sins.

Sometimes we find ourselves lacking in faith, like the apostles, especially when we fall into sin or have difficulties. It is precisely on these occasions that we need more faith not less. Strong faith is achieved by constantly and prayerfully requesting it. Let us ask Jesus often using the same words the apostles used: *"Lord, increase our faith."* We must repeat this short prayer several times a day. We can do this anywhere, even at work. It will help us strengthen our faith when we find ourselves in need or in danger. Faith is a gift that God freely gives us. But if we don't ask him to increase it, we won't be able to sustain it.

Sometimes we feel that our faith is as small as a mustard seed. This shouldn't scare us. God knows that we are weak and will give us the necessary strength if we ask for it. Let us ask the Lord to give us the willpower to be faithful to Him until the end of our days.

Vigésimo Octavo Domingo del Tiempo Ordinario
Ciclo C Tomo 3
Lecturas: (L1) 2 Reyes 5, 14-17 (L2) 2 Timoteo 2, 8-13 (Ev) Lucas 17, 11-19

Los diez leprosos de los cuales hemos oído en el Evangelio, nos muestran cómo debemos acudir a la misericordia divina y pedirle todo lo que necesitemos y como debemos ser agradecidos por lo que Dios nos ha dado.

Muchos favores recibimos del Señor pero, a veces, no nos percatamos de que Dios ha dado respuesta a nuestras oraciones. El Señor nos dice *"Pidan y recibirán, para que su alegría sea completa."* (Juan 16, 24) A veces pedimos al Señor que nos ayuda y el socorro nos viene por mediación de personas con quienes convivimos diariamente. Justo cuando necesitamos algo, algún conocido o familiar aparece que nos puede *"sacar las castañas del fuego"*. Debido a esto, no vemos la mano de Dios en lo que sucede Tal y como el don de Dios que hemos recibido a pasado por estas personas, el agradecimiento a Dios debe ser dada a través de esas personas. Al darles gracias a ellos se las damos a Dios. Por eso el Señor se ve contento cuando las personas son agradecidas.

La primera lectura hoy nos recuerda la curación de Naamán de Siria. Este fue sanado también de lepra por el profeta Eliseo. Dios se sirvió de este milagro para atraerlo a la fe, un don mucho más importante que la salud del cuerpo. Naamán sí fue agradecido. Sin embargo, vemos cómo al principio se sintió un poco incrédulo por la receta que el profeta Eliseo le dio. Le pareció demasiado sencilla bajar al Río Jordán y bañarse siete veces. Además de ser fácil, seguramente hasta era agradable, teniendo en cuenta el calor que hace en el Oriente Medio. Naamán pensó que simplemente bañarse, refrescándose a la vez, en un rio no iba dar resultado. Incluso dijo que había otros ríos mejores y que su lepra no se iba a curar de esa manera. Pero, aconsejado por sus criados, se baño las siete veces cómo lo había sugerido Eliseo. Y para asombro de su poca fe, su carne quedó limpia de la lepra y suave cómo la de un bebé.

Deseaba tanto Naamán curarse de la lepra y Dios se lo concedió simplemente por hacer lo que Eliseo le pidió que hiciera. Dios escogió a Eliseo como instrumento para que este milagro sucediera. Agradecido por haberse curado Naamán volvió a la casa de Eliseo con toda su gente y alabó al Dios de Eliseo. Entonces Naamán trato de mostrar su agradecimiento a Eliseo diciendo, *"te pido que aceptes estos regalos"*. Pero Eliseo no quiso aceptarlos. Cuando se hace algo por alguien porque sabemos que es lo que el Señor quiere que hagamos, no debemos aceptar nada en recompensa. Naamán, agradecido a Dios por lo que había sucedido, solo pidió a Eliseo un poco de tierra, lo que podían cargar dos mulas, ya que en agradecimiento quería construir un altar al Señor sobre esa tierra y dejar de ofrecer holocaustos a dioses falsos.

Vemos con admiración cómo quedó limpio de la lepra Naamán. A través de esta terrible enfermedad conoció a Dios. Y por ser agradecido se ganó su amistad y el incomparable don de la fe. San Lucas nos relata un hecho similar al hablar sobre los diez leprosos. La diferencia entre los dos hechos es que Naamán al ser curado encontró la fe. Y el Samaritano fue curado, como los otros nueve leprosos, porque tuvo fe. Pero a diferencia de los otros mostró su agradecimiento volviendo a dar gracias al Señor.

Siempre nos da un poco de tristeza cuando vemos alguna persona que se le regala gratis todo lo que desea pero que no sabe agradecer el haberlo recibido. Probablemente conocemos a personas que son así, incluso en nuestras propias familias. Se les socorra cuando necesitan para superar los problemas que tienen en la vida. Y cuando vuelven a ponerse de pie y sus problemas se resuelvan, ni siquiera muestran la cortesía de agradecernos por ayudarlos.

Los nueve que no volvieron a dar las gracias al Señor se quedaron sin lo que el Señor les tenía reservado si hubieran vuelto, la amistad de Dios. Aprendamos nosotros a ser agradecidos primeramente con el Señor y después con el prójimo. Cuando recibamos algún favor de cualquier persona aprendamos a decir "gracias". Y cuando recibimos algún favor del Señor aprendamos a decir "qué grande eres, Señor".

Twenty Eighth Sunday of Ordinary Time

Cycle C Book 3
Readings: (R1) 2 Kings 5:14-17 (R2) 2 Timothy 2:8-13 (Gos) Luke 17:11-19

The ten lepers that we have heard about in the Gospel show us how we should turn to the Divine Mercy and ask for everything we need; how we should be grateful for what God has given us.

We receive many favors from the Lord, but sometimes we do not realize that God has answered our prayers. The Lord tells us *"Ask and you will receive, so that your joy may be complete."* (John 16, 24) Sometimes we ask the Lord to help us and help comes to us through the mediation of people with whom we live daily. Just when we need something, an acquaintance or family member appears who can help us to get out of a tight spot. Because of this, we do not see the hand of God in what happens. Since the favor received from God has passed through these people, our thanks to God must be given through those people. By giving thanks to them we give it to God. That is why the Lord is happy when people are grateful to others.

The first reading today reminds us of the healing of Naaman of Syria. He was also healed of leprosy but by the prophet Elisha. God used this miracle to draw Naaman to faith, a gift is much more important than the health of the body. Naaman was grateful. However, we see how at first he felt a little disbelief about the prescription that the prophet Elisha gave him. It seemed too easy to go down to the Jordan River and bathe seven times. Besides being easy, it probably felt good, considering how hot it is in the Middle East. Naaman thought that simply bathing; cooling himself off at the same time in a river was not going to work. He even said that there were other better rivers and that his leprosy was not going to be cured that way. But, advised by his servants, he bathed seven times as Elisha had suggested. And to the amazement of his little faith, his flesh was cleansed of leprosy and became soft like that of a baby.

Naaman wanted so much to be cured of leprosy and God granted it simply for doing what Elisha asked him to do. God chose Elisha as the instrument for this miracle to happen. Grateful for being cured, Naaman returned to Elisha's house with all his people and praised Elisha's God. Then Naaman tried to show his gratitude to Elisha saying: *"I ask you to accept these gifts."* But Elisha didn't want to accept them. When something is done for someone because we know what the Lord wants us to do, we should not accept anything in return. Naaman, grateful to God for what had happened, only asked Elisha for some land, which two mules could carry, since in gratitude he wanted to build an altar to the Lord on that land and stop offering holocausts to false gods.

We admire how Naaman was cleansed of leprosy. Through this terrible sickness he met God. And by being grateful, he earned His friendship and the incomparable gift of faith. Saint Luke tells us a similar story when he talks about the ten lepers. The difference between the two is that Naaman upon being cured found faith. And the Samaritan was healed, like the other nine lepers, because he had faith. But unlike the others, he showed his gratitude by giving thanks to the Lord again while the others left without saying a word of thanks.

It always gives us a bit of sadness when we see someone who gives them everything they want for free but does not know how to be grateful for having received it. We probably know people who are like that, even in our own families. They are helped when they need to overcome the problems they have in life. And when they get back on their feet and their issues are resolved, they don't even thank us for helping them.

The nine who did not return to thank the Lord were left without what the Lord had in store for them if they had returned: the friendship of God. Let us learn to be grateful first to the Lord and then to our neighbor. When we receive a favor from anyone, let's learn to say "thank you." And when we receive some favor from the Lord, let's learn to say "how great you are, Lord."

Vigésimo Noveno Domingo del Tiempo Ordinario
Ciclo C Tomo 3
Lecturas: (L1) Éxodo 17, 8-13 (L2) 2 Timoteo 3, 14-4, 2 (Ev) Lucas 18, 1-8

La Santa Misa de hoy se centra en el poder que para Dios tiene la oración perseverante y llena de fe. Los cristianos nunca podemos dejar de orar incluso aunque nos sintamos cansados o desanimados. En estos casos, en vez de dejar de orar debemos pedir a familiares o amigos que nos ayuden en la oración. Siempre debemos tener en cuenta que el Señor siempre está atento a nuestras suplicas. Como cristianos creemos firmemente que el Señor siempre nos escucha y quiere derramar su gracia sobre nosotros. Pero también sabemos que quiere que le pidamos por lo que creemos que necesitamos. Por desgracia, algunas personas no creen en el poder de la oración. Esto lo sabemos porque a veces oímos decir, *"Yo no pido al Señor. Total, no me escucha. Además, ya sabe lo que necesito."* Lo que dicen es una gran equivocación. El Señor siempre está atento a nuestras oraciones y súplicas. Cuando se deja la oración se entiende que tampoco se piden cosas a Dios. Culpar a Dios porque no recibimos lo que no le pedimos en oración, simplemente no tiene sentido. Sabemos que cuando perseveramos en la oración encontramos más paz y más templanza en nuestras vidas. Contra la oración, nada puede, ni si quiera Satanás.

La actitud de Dios es muy diferente al del juez. Es un contraste que llama la atención inmediatamente por ser completamente opuesta al del juez. Las razones que el juez tenía para atender a la viuda son frías y sin consistencia. El juez mismo se dice, *"Aunque ni temo a Dios ni me importan los hombres, como esta viuda me está incomodando, le haré justicia, no vaya a acabar pegándome en la cara."*. Por el contrario, la razón que Dios atiende nuestras súplicas es su infinito amor. La actitud extremadamente negativa del juez contrasta fuertemente con la actitud misericordiosa de Dios. La postura del juez es de resistencia a la viuda. Solo se rinde al pedido de la viuda porque está cansado de escucharla y teme que ella le haga daño si no le da lo que quiere. Dios, al contrario, es misericordioso y amoroso. Se entrega a lo que le pedimos cuando ve que lo que queremos es para nuestro propio bien. No se cansa nunca de escucharnos en oración ni teme que le hagamos algún daño si no nos da lo que queremos. Simplemente quiere que tengamos todo lo que necesitamos para vivir una vida que nos lleve a su lado después de nuestra muerte. La actitud de Dios siempre es cariñosa. Este es el tema central de la parábola: la actuación mezquina de los hombres en contraste con la compasión de Dios.

El evangelio nos dice que debemos pedir al Padre constantemente manteniéndonos en oración porque dios siempre está dispuesto a escuchar nuestras súplicas. Nuestro amor a Dios debe expresarse en la confianza y en la constancia. Puede ser que el Señor, a veces, tarde en darnos su respuesta. Puede ser que no nos conceda lo que le hemos pedido. Pero debemos recordar que nunca nos negará algo que nos convenga. A través de esta parábola, el Señor nos hace una pregunta sencilla: ¿Acaso creen ustedes que Dios no hará justicia a los elegidos que aclaman a Él en la oración constante? Si el juez, que no tenía temor de Dios ni ayudaba al prójimo, decidió, al final, hacer justicia, ¿qué hará Dios en su justicia y misericordia cuando le pidamos algo en oración?

La Primera Lectura de la Misa nos muestra la figura de Moisés en oración. Esta lectura nos muestra cómo Moisés, y el pueblo hebreo, superaron todas las dificultades valiéndose de la oración. San Agustín dice que, *"él que sabe orar bien, sabe vivir bien."* (Homilía 43) Nuestra comunidad hispana sabe muy bien el importante lugar que debemos conceder a la oración. El mismo Papa San Pablo VI, alabó la profunda y auténtica religiosidad que la gente sencilla muestra de muchas maneras. Dijo que *"Bien orientada, esta religiosidad popular puede ser cada vez más, para nuestras masas populares, un verdadero encuentro con Dios en Jesucristo."* (Evangelii nuntiandi 48) En la oración, en el diálogo íntimo que mantenemos con Dios en oración, encontramos un remanso pacifico en nuestro camino hacia Dios.

El evangelio nos dice que debemos pedir al Padre constantemente. Mantengámonos, pues, en oración.

Twenty Ninth Sunday of Ordinary Time

Cycle C Book 3

Readings: (R1) Exodus 17:8-13 (R2) 2 Timothy 3:14-4:2 (Gos) Luke 18:1-8

Today's Holy Mass focuses on the power that persevering and faith-filled prayer has for God. Christians can never stop praying even when we feel tired or discouraged. If such is the case, instead of stopping praying, we should ask family or friends to help us in prayer. We must always keep in mind that the Lord is always attentive to our prayers. As Christians we firmly believe that the Lord always hears us and wants to shower us with his grace. But we also know that He wants us to ask for what we think we need. Unfortunately, some people don't believe in the power of prayer. We know this because sometimes we hear people say, *"I don't ask the Lord. Total, he does not listen to me. Besides, you already know what I need."* What they say is a big mistake. The Lord is always attentive to our prayers and supplications. When we stop praying it is understood that we do not ask God for things either. Blaming God because we don't receive what we don't ask for in prayer simply doesn't make sense. We know that when we persevere in prayer we find more peace and temperance in our lives. Nothing can overcome prayer, not even Satan.

God's attitude is very different from that of the judge. It is a contrast that draws our attention immediately because it is completely opposite to that of the judge. The reasons that the judge had to attend to the widow are cold and without consistency. The judge himself says, *"Although I neither fear God nor care about men, since this widow is bothering me, I will do her justice or she will end up hitting me in the face."* On the contrary, the reason God heeds our prayers is his infinite love. The extremely negative attitude of the judge is in stark contrast to the merciful attitude of God. The judge's position is one of resistance to the widow. He only surrenders to the widow's request because he is tired of listening to her and fears that she will hurt him if he does not give him what he wants. God, on the contrary, is merciful and loving. He surrenders to what we ask of him when he sees that what we want is for our own good. He never tires of listening to us in prayer, nor does he fear that we will harm him if he does not give us what we want. He simply wants us to have everything we need to live a life that leads us to his side after we die. God's attitude is always loving. This is the central theme of the parable: the petty performance of men in contrast to the compassion of God.

The gospel tells us that we must appeal to the Father constantly in prayer because God is always ready to hear our supplications. Our love for God must be expressed in trust and constancy. It may be that the Lord, sometimes, takes time to give us His answer. It may be that He does not grant what we ask for. But we must remember that he will never deny us something that suits us. Through this parable, the Lord asks us a simple question: Do you believe that God will not bring justice to the elect who shout out to Him in constant prayer? If the judge, who did not fear God and did not help others, decided, in the end, to do justice, what do you think God will do in his justice and mercy when we ask something of him in prayer?

The First Reading of Mass shows us the figure of Moses in prayer. This reading shows us how Moses, and the Hebrew people, overcame all difficulties through prayer. Saint Augustine says that, *"he who knows how to pray well, knows how to live well."* (Homily 43) Our Hispanic community knows very well the important place that we must grant to prayer. Pope Saint Paul VI himself praised the deep and authentic religiosity that simple people display in many ways. He said that *"When it is well oriented, this popular religiosity can be more and more for multitudes of our people a true encounter with God in Jesus Christ."* (Evangelii nuntiandi 48) In prayer, in the intimate dialogue that we have with God in prayer, we find a peaceful resting place on our road to God.

The gospel tells us that we must constantly raise our supplications to the Father. Let us keep praying.

Trigésimo Domingo del Tiempo Ordinario
Ciclo C Tomo 3
Lecturas: (L1) Eclesiástico 35, 12-14. 16-18 (L2) 2 Timoteo 4, 6-8. 16-18 (Ev) Lucas 18, 9-14

Uno de los temas más importantes para el Señor durante su ministerio en la tierra era la oración. Trató de enseñar a sus discípulos la gran importancia que tiene la oración en la vida de todo ser humano. El domingo pasado escuchamos la parábola del juez y la viuda. Con esa parábola el Señor quiso ensenarnos la importancia de orar constantemente. Hoy las Lecturas de la liturgia siguen hablándonos de la necesidad de orar. En la Primera Lectura hoy escuchamos al autor del Libro del Eclesiástico decir que la persona que sirve a Dios con todo su corazón es oído por El, que su súplica llega hasta las nubes, hasta alcanzar a Dios. El Evangelio nos enseña que además de la oración constante es igualmente importante orar de una manera correcta y precisa, sin matices egoístas o soberbias.

Casi todo el mundo ha escuchado la parábola del Publicano y el Fariseo. Debemos recordar que Nuestro Señor comienza esta parábola justo después de insistir que es preciso orar siempre, sin desanimarse jamás. En sus enseñanzas, de lo que más nos habla el Señor, junto con la fe y la caridad, es de la oración. Nos dice, en varias parábolas y de varias maneras, que la oración nos es absolutamente necesaria para seguirle. Antes de narrar esta parábola, San Lucas la introduce explicando que Jesús la narró por algunas personas que confiaban demasiado en sí mismas y que se tenían por justos mientras despreciaban a los demás. Estaba hablando, claramente de los fariseos. Como siempre, el Señor no usa discursos complicados para enseñar al pueblo. Habla sencillamente de dos protagonistas bien conocidos por todos los oyentes de sus tiempos. Estos eran el fariseo y el publicano.

Sabemos que el ministerio de Jesús durante su vida pública fue sanar a aquellos que necesitaban desesperadamente ser sanados de sus dolencias físicas y espirituales. Al hacer esto, se juntó con pecadores de todo tipo, hasta cenando con ellos y visitándoles en sus casas. No usó palabras duras hacia ellos. Incluso fue criticado porque simplemente porque hablaba con ellos. Jesús siempre dijo que había venido a salvar a la oveja perdida. Sin embargo, hubo un grupo al que el Señor castigó con su condenación. Estos eran los fariseos. Los llamó sepulcros blanqueados y raza de víboras. (Mateo 23, 27.33) Estamos algo perplejos por estas duras palabras que usó Jesús. Solo si meditamos un poco sobre el orgullo y la arrogancia que llenaron los corazones de muchos de los fariseos, podremos comprender el comportamiento de Jesús. El orgullo que sentían los hacía incapaces de reconocer y corregir sus propias faltas. Como no podían admitir que habían pecado, se negaron a pedir el perdón que necesitaban.

Casi todos reconocemos que nuestra sociedad está llena de personas soberbias incluso dentro de las comunidades y grupos eclesiales. Las únicas motivaciones que busca un corazón soberbio es su propia gloria y su propia vanidad, no la gloria de Dios y de las almas. No puede existir ni verdadera piedad, ni verdadera práctica religiosa, ni verdadero amor al prójimo dentro de un corazón soberbio y orgulloso.

Todos los cristianos debemos preguntarnos qué es lo que estamos haciendo nosotros dentro de nuestra familia y nuestra comunidad. ¿Buscamos que los demás sepan y conozcan las buenas obras que hacemos o preferimos que estas queden como un secreto entre Dios y nosotros? ¿Solo queremos hacer obras cuando sabemos que se nos va a ver o cuando sabemos que nuestros nombres van a ser publicados? Preguntémonos seriamente, ¿sabemos perdonar los errores de los demás o solamente sabemos justificar los nuestros? Tengamos cuidado de no estar siempre buscando los defectos en nuestro prójimo mientras no vemos nuestros propios. Pidamos a Dios que nos dé un corazón humilde y sincero, que nos enseñe a juzgarnos a nosotros mismos y que dejemos a Dios juzgar a los demás.

Que esta Santa Misa que estamos celebrando en comunidad nos ayude a conocernos más a nosotros mismos, a ser más tolerantes con el prójimo, y más compasivos con todos. Hagámonos más dependientes de Dios, más humildes en su presencia. Recordemos siempre que el Publicano, a pesar de sus pecados, volvió perdonado porque el que se humilla será ensalzado en el Reino de los Cielos.

Thirtieth Sunday of Ordinary Time:

Cycle C Book 3
Readings: (R1) Sir 35:12-14, 16-18 (R2) 2 Timothy 4:6-8, 16-18 (Gos) Luke 18:9-14

One of the most important themes for the Lord during his ministry on earth was prayer. He tried to teach his disciples the great importance of prayer in the life of every human being. Last Sunday we heard the parable of the judge and the widow. With this parable the Lord wanted to teach us the importance of praying constantly. Today the Readings of the liturgy continue to speak to us of the need to pray. In the First Reading today we hear the author of the Book of Ecclesiasticus say that the person who serves God with all his heart is heard by Him, that his supplication reaches up to the clouds, until he reaches God. The Gospel teaches us that in addition to constant prayer, it is equally important to pray in a correct and precise way, without selfish or arrogant nuances.

Almost everyone has heard the parable of the Publican and the Pharisee. We must remember that Our Lord begins this parable just after insisting that it is necessary to pray always, without ever losing heart. In his teachings, what the Lord speaks to us the most, along with faith and charity, is prayer. He tells us, in various parables and in various ways, that prayer is absolutely necessary for us to follow him. Before narrating this parable, Saint Luke introduces it by explaining that Jesus narrated it for some people who trusted too much in themselves and who considered themselves righteous while despising others. He was speaking, clearly of the Pharisees. As always, the Lord does not use complicated speeches to teach the people. It speaks simply of two protagonists well known to all the listeners of their time. These were the Pharisee and the publican.

We know that Jesus' ministry during his public life was to heal those who desperately needed to be healed of their physical and spiritual ailments. In doing this, he mingled with sinners of all kinds, even dining with them and visiting them at their homes. He did not use harsh words towards them. He was even criticized just because he talked to them. Jesus always said that he had come to save the lost sheep. However, there was a group that the Lord punished with his condemnation. These were the Pharisees. He called them whitewashed sepulchers and a race of vipers. (Matthew 23:27, 33) We are somewhat perplexed by these harsh words that Jesus used. Only if we meditate a little on the pride and arrogance that filled the hearts of many of the Pharisees, we can understand the behavior of Jesus. The pride that they felt made them incapable of recognizing and correcting their own faults. Since they could not admit that they had sinned, they refused to ask for the forgiveness they needed.

Most of us recognize that our society is full of arrogant people even within church communities and groups. The only motivations that an arrogant heart seeks are its own glory and its own vanity, not the glory of God and of souls. There can be no true piety, no true religious practice, and no true love of neighbor within a proud and proud heart.

All Christians must ask ourselves what we are we doing within our family and our community. Do we want others to know and know the good works that we do or do we prefer that these remain a secret between God and us? Do we only want to do works when we know that we are going to be seen or when we know that our names are going to be published? Let's seriously ask ourselves, do we know how to forgive the mistakes of others or do we only know how to justify our own? Let us be careful not to always be looking for the defects in our neighbor while we do not see our own. Let us ask God to give us a humble and sincere heart, to teach us to judge ourselves and to let God judge others.

May this Holy Mass that we are celebrating in community help us to know ourselves better, to be more tolerant of our neighbor, and more compassionate with everyone. Let us become more dependent on God, more humble in His presence. Let us always remember that the Publican, despite his sins, returned forgiven because the one who humbles himself will be exalted in the Kingdom of Heaven.

Trigésimo Primer Domingo del Tiempo Ordinario
Ciclo C Tomo 3
Lecturas: (L1) Sabiduría 11, 22-12, 2 (L2) 2 Tesalonicenses 1, 11-2, 2 (Ev) Lucas 19, 1-10

El evangelio de este domingo nos habla del maravilloso encuentro de Jesús con Zaqueo. El Señor iba de camino hacia Jerusalén y pasaba por Jericó. Inmediatamente después de entrar en la ciudad Jesús tuvo lugar la curación de un mendigo que era ciego y que, por su gran fe y también por su insistencia, consiguió llegar hasta Jesús, a pesar de que había una multitud enorme que rodeaba al Señor. Muchos le habían dicho al ciego que se callara, pero su perseverancia hizo que llegara al Señor quien lo curó de su ceguera.

Ya dentro de Jericó, el Señor observó una ciudad importante. Las calles por donde pasaba el Maestro debían estar llenas con el bullicio que normalmente se encuentra en las ciudades grandes. En ese punto se encontró con Zaqueo, un hombre que era jefe de los Publicanos de la ciudad y muy rico. Vivía en Jericó y era muy conocido por su cargo. Los Publicanos recaudaban los impuestos romanos. Solían cobrar más de lo que tenían que cobrar y se quedaban con esta cantidad. Debido a esto casi siempre eran hombres ricos pero se ganaban la hostilidad de la población. Zaqueo era un hombre importante. Y probablemente era buen cobrador de impuestos porque hasta tenía empleados.

Nos dice San Lucas que Zaqueo intentaba ver a Jesús porque deseaba mucho conocerle. Pero era tan inmensa la muchedumbre que no podía ver al maestro porque Zaqueo era de estatura muy pequeña. Pero Zaqueo era un hombre tenaz. Se mezcló primero entre la gente pero no podía lograr su objetivo, que, como dije, era ver a Jesús. Sin embargo, lo deseaba tanto que a pesar de su cargo importante decidió dejar a un lado lo que podía pensar la gente y se subió a un árbol. Cuando Jesús llegó a ese lugar, levantó la vista y le dijo, *"Zaqueo, baja pronto porque hoy tengo que quedarme en tu casa."* Zaqueo experimentó la inmensa alegría de todo aquel que escucha la llamada de Jesús. No le importó a Zaqueo que acoger a Cristo en su casa pudiera traerle problemas. Se olvidó de sus asuntos y de su actividad de jefe de Publicanos y aceptó su nueva vida con sinceridad. Se convirtió en discípulo de Jesús. Y espontáneamente le dijo al Señor, *"Voy a dar la mitad de mis bienes a los pobres"* Y, por si esto no era suficiente también dijo, *"Y a quien he exigido algo injustamente, le devolveré cuatro veces más"*. Inmediatamente vio Jesús que este hombre tenía un corazón grande. La Ley de Moisés no ordenaba tanto. Pero nosotros ya sabemos que el encuentro con Jesús hace quelas personas sean más generosas.

Jesús fue criticado por entrar en casa de Zaqueo ya que Zaqueo era un pecador quien colaboraba con los romanos. Después de escuchar las palabras tan generosas del Publicano, Jesús pronunció unas de las más bonitas palabras que hay en el Evangelio, *"Hoy ha llegado la salvación a esta casa; en verdad, este también es hijo de Abraham. El Hijo del Hombre vino a buscar y a salvar lo que estaba perdido"*.

En nuestras relaciones diarias con las personas que nos rodean encontramos hipócritas y personas sinceras, con personas que engañan y otras que son honestas. Incluso a veces sentimos repugnancia y nos alejamos de las personas que nos quieren engañar o que nos mienten. A nadie le gusta creer que han sido engañados especialmente por personas que solo buscan su propio interés. A Jesús tampoco le gustaban las personas que trataban de engañarle. No toleraba a los Fariseos porque eran hipócritas. El Señor perdonó varias veces a los pecadores que mostraban remordimiento sincero pero los fariseos no lo mostraban y, por eso, no los toleraba. Zaqueo, a pesar de sus pecados, fue sincero desde el momento que conoció a Jesús. Su promesa de restaurar a los que había perjudicado y de compartir sus bienes con los pobres era sincera. Esa fue para él la salvación. Mostró su gran corazón a pesar de que era pequeño de estatura. Solo fue curado cuando aceptó que había estado enfermo. Supo enfrentar el hecho de haberse equivocado alguna vez. Por eso recibió la salvación.

Ser Cristiano es tener honradez para reconocer los propios errores. Es tener la voluntad firme para tomar decisiones honradas y sinceras cada día. Es también saber que Dios acoge siempre a todos, incluso a los que hayan cometido errores en la vida. Si acudimos a Él con la honestidad y sinceridad de Zaqueo, nosotros también podremos escucharle decir, *"Hoy me quedo contigo en tu casa."*

Thirty First Sunday of Ordinary Time
Cycle C Book 3
Readings: (R1) Wisdom 11:22-12:2 (R2) 2 Thessalonians 1:11-2:2 (Gos) Luke 19:1-10

This Sunday's Gospel tells us about the wonderful encounter of Jesus with Zacchaeus. The Lord was on his way to Jerusalem and passing through Jericho. Immediately after entering the city, Jesus healed a beggar who was blind and who, by his great faith and also by his insistence, managed to reach Jesus, despite the fact that there was a huge crowd that surrounded the Lord. Many had told the blind man to be quiet, but his perseverance brought him to the Lord who healed him of his blindness.

Within Jericho, the Lord observed an important city. The streets through which the Master passed had to be filled with the bustle normally found in large cities. At a certain point he encountered Zacchaeus, a man who was the chief of the Publicans in the city and very wealthy. He lived in Jericho and was well known because of his position. The Publicans collected Roman taxes. They charged more than they had to and they kept this amount. Because of this they were almost always rich men but they earned the hostility of the population. Zacchaeus was an important man. And he was probably a good tax collector because he even had employees.

Saint Luke tells us that Zacchaeus tried to see Jesus because he wanted so much to know him. But the crowd was so huge that he could not see the teacher because Zacchaeus was very small in stature. But Zacchaeus was a tenacious man. He mingled with the people first but could not achieve his goal, which was, as I said, to see Jesus. However, he wanted it so much that despite his important position he decided to put aside what people might think and climbed a tree. When Jesus reached that place, he looked up and said, *"Zacchaeus, come down soon because today I will stay at your house."* Zacchaeus experienced the immense joy of everyone who hears the call of Jesus. It didn't matter to Zacchaeus that welcoming Christ into his home could get him into trouble. He forgot his affairs and his activity as Chief Publican and accepted his new life with sincerity. He became a disciple of Jesus. And spontaneously he said to the Lord, *"I am going to give half of my goods to the poor."* And, if this was not enough, he also said, *"And from whom I have unfairly demanded something, I will give back four times more."* Jesus immediately saw that this man had a big heart. The Law of Moses did not command so much. But we already know that the encounter with Jesus makes people more generous.

Jesus was criticized for entering Zacchaeus' house because Zacchaeus was a sinner who collaborated with the Romans. After hearing the very generous words of the Publican, Jesus spoke some of the most beautiful words in the Gospel, *"Today salvation has come to this house; in truth, this is also Abraham's son. The Son of Man came to seek and to save what was lost."*

In our daily relationships with the people around us we find hypocrites and sincere people, with people who cheat and others who are honest. Sometimes we even feel disgust and we turn away from people who want to deceive us or who lie to us. Nobody likes to believe that they have been misled especially by people who are only looking for their own interest. Jesus also did not like people who tried to deceive him. He did not tolerate the Pharisees because they were hypocrites. The Lord forgave sinners several times because they showed sincere remorse, but the Pharisees did not show it and therefore He did not tolerate them. Zacchaeus, despite his sins, was sincere from the moment he met Jesus. His promise to compensate those he had hurt and to share his wealth with the poor was sincere. That was salvation for him. He showed his big heart even though he was small in stature. He was only cured when he accepted that he had been ill. He knew how to face the fact that he had ever been wrong. That is why he received salvation.

To be a Christian is to be like Zacchaeus. It is having honesty to recognize your own mistakes. It is having the firm will to make honest and sincere decisions every day; it is knowing that God always welcomes everyone, even those who have made mistakes in life. If we go to Him with the honesty and sincerity of Zacchaeus, we too at the time of death will also hear Him say, *"Today I will stay at your house."*

Trigésimo Segundo Domingo del Tiempo Ordinario
Ciclo C Tomo 3
Lecturas: (L1) 2 Macabeos 7, 1-2. 9-14 (L2) 2 Tesalonicenses 2, 16-3, 5 (Ev) Lucas 20, 27-38

Hoy las lecturas nos revelan una de las muchas verdades de fe recogidas en el Credo que rezamos cada domingo en la Santa Misa: la resurrección y la vida eterna para la cual hemos sido creados.

La Primera Lectura nos habla de los siete hermanos Macabeo y de su madre. Los Macabeos mostraron que la fe es lo que hace cambiar al ser humano de alguien que busca solamente lo terreno a alguien que busca la eterna felicidad del cielo. La actitud de esta familia, tanto de la madre como de sus hijos, nos enseña el valor que debemos tener todos ante las dudas que nos causan las tentaciones de pecar. Los siete hermanos fueron torturados y ejecutados uno por uno, simplemente por no cometer el pecado que el Rey les ordenó cometer. Sabían muy bien cuál sería el castigo por no cumplir las órdenes del Rey. A pesar de eso, el primer hermano, antes de ser ejecutado, dijo, en nombre de los demás, *"No quebrantaremos nunca la ley de nuestros antepasados"*. Y cada uno de sus hermanos siguió su ejemplo con la misma entereza. Mientras tanto la madre de familia les animaba a obedecer los preceptos de Dios. La fe y el valor que demostraron esta familia eran tan singulares que hasta el mismo rey y sus súbditos se quedaron admirados. La fe fuerte de los Macabeos nos debe enseñar a todos los cristianos a vivir nuestra fe con integridad. Todos los miembros de esta familia mostraron lo que nosotros también debemos mostrar, que sabemos que vale la pena morir a manos de los hombres cuando se espera que Dios mismo nos resucitara.

Jesucristo mismo nos enseña en el evangelio de hoy que los que lleven una vida digna resucitarán a la vida eterna ya que habrán mostrado con hechos concretos que son hijos e hijas de Dios. El antiguo testamento ya expresaba esta verdad revelada por Dios. La historia de la familia de los Macabeos, escrita unos 150 años antes de nacer Nuestro Señor, nos muestra que esta creencia fue admitida entre los judíos en tiempos de Jesús, excepto por los Saduceos. Ellos no creían ni en la inmortalidad del alma ni en la acción de la providencia divina.

En el evangelio vemos cómo los Saduceos se acercaron a Jesús con la intención de ponerlo en un aprieto. Según la ley de Moisés, si un hombre moría sin dejar hijos el siguiente hermano estaba obligado a casarse con la viuda para que la familia tuviera descendencia. Y como esto ocurrió con siete hermanos le preguntaron a Jesús *"Cuándo llegue la resurrección, ¿a cuál de los hermanos pertenecerá esta mujer, ya que los siete han estado casados con ella?"* Jesús inmediatamente aclara esta cuestión y les dice rotundamente a los Saduceos que la resurrección de los muertos es una realidad pero añade que la vida eterna no será igual a esta vida. Allí no se tomará ni mujer ni marido. Seremos iguales a los ángeles, seremos hijos e hijas de Dios. *"Dios no es un Dios de muertos sino de vivos"*, dice el Señor. Pues para Dios todos siguen viviendo aunque hayan dejado esta vida terrena.

Hoy hemos escuchado en la Segunda lectura las palabras que San Pablo dirigió a los Tesalonicenses. Les dice que Jesucristo, nuestro Señor, les ha amado tanto que les ha regalado un sentido de consuelo permanente y gran esperanza en la misericordia de Dios. Les pide oraciones para él y para sus acompañantes para que sean librados de hombres perversos y malvados que quieren impedir su tarea misionera. Por otra parte, trata de alentar a los habitantes cristianos de Tesalónica diciéndoles que el Señor es fiel y les dará la fuerza necesaria para luchar contra el maligno.

Cada vez que rezamos el Credo profesamos nuestra fe en la resurrección en el día del último juicio. También creemos, como católicos, en el juicio personal que ocurrirá inmediatamente después de nuestra muerte. Es entonces cuando recibiremos la sentencia merecida por todo lo que hemos hecho mientras vivíamos físicamente en la tierra. Nuestra alma es inmortal. Nosotros, como todos los seres humanos cuando moramos estemos destinados a la vida eterna. Es para nosotros decidir en dónde vamos a pasar esa vida sinfín. Nuestro objetivo debe ser llevar una vida ejemplar para alcanzar esa eternidad y pasarla en compañía de nuestros familiares y seres amados que ya están disfrutando de la compañía de Dios o si, por desgracia, lo pasaremos en eterna sufrimiento.

Thirty Second Sunday of Ordinary Time
Cycle C Book 3
Readings: (R1) 2 Maccabees 7:1-2, 9-14 (R2) 2 Thessalonians 2:16-3:5 (Gos) Luke 20:27-38

Today the readings reveal to us one of the many truths of faith collected in the Creed that we pray every Sunday at Holy Mass: the resurrection and the eternal life for which we have been created.

The First Reading tells us about the seven Maccabee brothers and their mother. The Maccabees showed that faith is what makes a person change from someone who seeks only earthly joys to someone who seeks the eternal happiness of heaven. The attitude of this family, both of the mother and of her children, teaches us the courage that we should all have in the face of the doubts caused by temptations to sin. The seven brothers were tortured and executed one by one, simply for not committing the sin that the King ordered them to commit. They knew very well what the punishment would be for not carrying out the King's orders. Despite this, the first brother, before being executed, said, on behalf of the others, *"We will never break the law of our ancestors."* And each one of his brothers followed suit with equal integrity. Meanwhile, their mother encouraged them to obey God's precepts. The faith and courage displayed by this family were so unique that even the king and his subjects were amazed. The strong faith of the Maccabees should teach all Christians to live our faith with integrity. All the members of this family showed what we too must show, that we know that it is worth dying at the hands of men when God himself is will resurrect us.

Jesus Christ himself teaches us in today's Gospel that those who lead a dignified life will be raised to eternal life since they will have shown with concrete actions that they are sons and daughters of God. The Old Testament already expressed this truth revealed by God. The history of the Maccabees, written about 150 years before Our Lord was born, shows us that this belief was accepted among most of the Jews in the time of Jesus, except for the Sadducees. They believed neither in the immortality of the soul nor in the action of divine providence.

In the gospel we see how the Sadducees approached Jesus with the intention of putting him in a bind. According to the Law of Moses, if a man died without leaving children, the next brother was obliged to marry the widow so that the family would have offspring. And as this happened with seven brothers they asked Jesus *"When the resurrection comes, to which of the brothers will this woman belong, since all seven have been married to him?"* Jesus immediately clarifies this question and tells the Sadducees flatly that the resurrection of the dead is a reality but adds that eternal life will not be the same as this life. There will be neither wives nor husbands. We will be equal to the angels; we will be daughters and sons of God. Then the Lord says, *"God is not a God of the dead but of the living."* For God everyone continues to live even though they have left this earthly life.

Today we have heard in the Second Reading the words that Saint Paul addressed to the Thessalonians. He tells them that Our Lord, God and Savior, Jesus Christ loves them so much that he has given them an abiding sense of comfort and great hope in God's mercy. Paul asks the Thessalonians for prayers for him and for his companions so that they will be delivered from the wicked men who want to impede their missionary work. On the other hand, he tries to encourage the Christian inhabitants of Thessalonica by telling them that the Lord is faithful and will give them the necessary strength to fight against the Evil One.

Every time we pray the Creed we profess our faith in the resurrection on the last judgment day. We also believe, as Catholics, in the personal judgment that will occur immediately after our death. It is then that we will receive the sentence we deserve for all that we have done while we physically lived on earth. Our soul is immortal. We, like all human beings when we dwell, are destined for eternal life. It is for us to decide where we are going to spend that endless life. Our goal must be to lead an exemplary life to achieve that eternity and spend it in the company of our family members and loved ones who are already enjoying the company of God or if, unfortunately, we will spend it in eternal suffering.

Trigésimo Tercer Domingo del Tiempo Ordinario
Ciclo C Tomo 3
Lecturas: (L1) Malaquías 3, 19-20a (L2) 2 Tesalonicenses 3, 7-12 (Ev) Lucas 21, 5-19

Las semanas del año, además de formar parte del calendario civil que usamos para calcular las fechas en nuestra vida, también forman parte del año litúrgico. La Iglesia usa el Domingo de Resurrección como base para calcular el año litúrgico. Este domingo hemos llegado al final de los domingos del Tiempo Ordinario posteriores a Pentecostés. El próximo domingo celebraremos la fiesta de Cristo Rey que, aunque no es un domingo numerado como los otros domingos del tiempo ordinario, es en realidad el último domingo del Tiempo Ordinario. El domingo siguiente será el Primer Domingo de Adviento que marca el comienzo del nuevo año eclesiástico. Les estoy anunciando estas celebraciones porque les ayudará comprender que hoy hemos llegado a un final. Y por esta razón el Evangelio nos habla hoy del fin del mundo.

Durante esta época del año, cuando escuchamos lecturas como las que acabamos de escuchar, solemos ver carteles en algunas iglesias no Católicas, e incluso en algunos automóviles, que dicen *"Estén preparados. ¡Cristo viene pronto!"* En la televisión se ven muchos predicadores que invitan a la conversión, a cambiar la vida, porque el fin del mundo está para llegar. Muchas de estas personas están convencidas de que Cristo vendrá en cualquier momento. Nosotros también reconocemos que Jesús va a regresar al final de los tiempos, lo que podría ocurrir en cualquier momento. Cristo mismo nos lo dijo. Lo hemos escuchado muchas veces en la palabra de Dios. También sabemos que cuando Cristo vino a la tierra hace dos mil años lo hizo en la humildad y en el silencio. Pero cuando vuelva en el último día vendrá con toda su gloria y majestad y juzgará a todas las naciones. Todo esto lo creemos firmemente. Sin embargo, también recordamos que el mismo Jesucristo dijo que nadie sabe ni el día ni la hora en que va a suceder esto. Cristo ya nos avisó contra los falsos profetas. Nos dijo que tengamos mucho cuidado con los que dicen que el tiempo está cerca, porque, y voy a repetirles esto ya que es muy importante reconocerlo: nadie sabe cuándo será, nadie sabe ni el tiempo ni la hora. (Mateo 24,36)

Sólo Dios sabe cuándo será la segunda vez que Cristo vuelve a la tierra. Pero, aunque no sabemos cuándo va a ocurrir este acontecimiento glorioso de Nuestro Señor Jesucristo, y con ella la resurrección de los cuerpos, lo que sí sabemos es que nuestra vida es realmente corta y que nuestro encuentro personal con Jesús está cercano. La Iglesia nos enseña que cada ser humano, en ese primer instante después de morir, recibirá en su alma inmortal la recompensa que merece en un juicio particular, bien a través de una purificación en el Purgatorio, bien para entrar inmediatamente en la bienaventuranza del cielo, bien para condenarse inmediatamente para siempre. Recordar este hecho nos debe ayudar a tratar de vivir una vida santa, desprendiéndonos de las cosas materiales y acercándonos más a Dios ahora, cuando aún tenemos tiempo para hacerlo. La santidad de cada cristiano es fuente de gracia para toda la iglesia ya que todos juntos formamos cuerpo de Cristo. Cuando un cristiano lucha por mejorar su vida y acercarse más al Señor fortalece el cuerpo de Cristo y a todos nos favorece su caminar de vuelta a lado de Dios.

En nuestra peregrinación hacia el Señor nos ayuda escuchar bien los consejos que dio San Pablo a los Tesalonicenses. Los exhorta a ellos, y a nosotros también, que debemos ser buenos cumplidores en nuestros trabajos. San Pablo les dice a los cristianos de Tesalónica que se ha enterado que alguno de ellos ha dejado de trabaja, muy ocupados en dejar que los otros trabajen mientras que ellos disfruten de la comida que reciben en balde. Les dice a estos que deben trabajar para ganarse el pan. El que no trabaja, que no coma. Nadie debe dejar de trabajar porque prefieren recibir todo gratis. Lo mismo pasa en nuestra vida espiritual. No podemos esperar que simplemente porque decimos que somos seguidores de Jesús, seremos salvados. ¿Por qué? *"Porque viene el día, ardiendo como un horno, cuando todos los soberbios y todos los malhechores sean rastrojo y los quemaré el día que ha de venir... Pero a los que honran mi nombre los iluminará un sol de justicia que lleva la salud en las alas"*. (Malaquías 3, 19-20a)

Thirty Third Sunday of Ordinary Time
Cycle C Book 3
Readings: (R1) Malachi 3:19-20a (R2) 2 Thessalonians 3:7-12 (Gos) Luke 21:5-19

The weeks of the year, in addition to being part of the civil calendar that we use to calculate the dates in our lives, are also part of the liturgical year. The Church uses Easter Sunday as the basis for calculating the liturgical year. This Sunday we have come to the end of the Sundays in Ordinary Time after Pentecost. Next Sunday we will celebrate the feast of Christ the King which, although it is not a numbered Sunday like the other Sundays in ordinary time, is actually the Thirty Fourth or last Sunday in Ordinary Time. The following Sunday will be the First Sunday of Advent which marks the beginning of the new ecclesiastical year. I am announcing these celebrations to you because it will help you understand that today we have come to an end. And for this reason the Gospel tells us today about the end of the world.

During this time of year, when we hear readings like the ones we just heard, we often see signs on some non-Catholic churches, and even on some cars, that say *"Be prepared. Christ is coming soon!"* On television you see many preachers who invite conversion, to change our life, because the end of the world is coming. Many of these people are convinced that Christ will come at any moment. We also recognize that Jesus is going to return at the end of time which could occur at any time. Christ Himself told us. We have heard it many times in the word of God. We also know that when Christ came to earth two thousand years ago, he did so in humility and silence. But when he returns on the last day, he will come in all his glory and majesty and will judge all nations. We firmly believe all of this. However, we also remember that Jesus Christ himself said that no one knows the day or the hour when this will happen. Christ has already warned us against false prophets. He told us to be very careful with those who say that the time is near, because, and I am going to repeat this to you since it is very important to recognize it: nobody knows when it will be, nobody knows the time or the hour. (Matthew 24,36)

Only God knows when will be the second time that Christ returns to earth. But, although we do not know when this glorious event of Our Lord Jesus Christ will occur, and with it the resurrection of the bodies, what we do know is that our life is really short and that our personal encounter with Jesus is close. The Church teaches us that each human being, in that first instant after death, will receive in their immortal soul the reward they deserve in a particular judgment, either through purification in Purgatory, or to immediately enter the bliss of heaven, or to be immediately damned forever. Remembering this fact should help us try to live a holy life, detaching ourselves from material things and drawing closer to God now, when we still have time to do so. The holiness of each Christian is a source of grace for the whole church since all together we form the body of Christ. When Christians strive to improve their life and get closer to the Lord, they strengthen the body of Christ and their journey back to God's side favors us all.

On our pilgrimage to the Lord, it helps us to listen well to the advice that Saint Paul gave to the Thessalonians. He exhorts them and us too, to be do our jobs honestly. Saint Paul tells the Christians in Thessalonica that he has learned that some of them have stopped working, very busy letting others work while they enjoy the food they receive for free. He tells theses people that they must work to earn their bread. Whoever does not work does not eat. No one should stop working because they prefer to receive everything for free. The same happens in our spiritual life. We cannot expect that simply because we say that we are followers of Jesus, we will be saved. Why? *"Because the day is coming, burning like an oven, when all the arrogant and all the evildoers will be stubble and I will burn them the day that is to come... But those who honor my name will be illuminated by a sun of justice that brings health to their wings".* (Malachi 3, 19-20a)

Nuestro Señor Jesucristo, Rey del Universo
Ciclo C Tomo 3
Lecturas: (L1) 2 Samuel 5, 1-3 (L2) Colosenses 1, 12-20 (Ev) Lucas 23, 35-43

¡Viva Cristo Rey!

Hoy celebramos la Solemnidad de Nuestro Señor Jesucristo, Rey del Universo. Con esta solemnidad se cierra el año litúrgico después de haber celebrado todos los misterios de la vida del Señor desde su concepción y nacimiento pasando por su vida pública hasta su muerte, resurrección y ascensión al cielo. Cada año litúrgico es como una antología de todo el misterio salvífico. Hoy celebramos el amor del Rey del Universo que vino a establecer su reinado no con el aire de orgullo y arrogancia del conquistador sino con la bondad y la mansedumbre del pastor. Las lecturas que hemos escuchado hoy nos muestran a Jesús como el único soberano ante una sociedad que parece querer vivir de espaldas a Dios.

Al celebrar el final del año litúrgico, también celebramos el triunfo de Nuestro Señor sobre el poder del diablo en este mundo. Y podemos celebrarlo porque ya conocemos el resultado de esta guerra contra Satanás, el rey del pecado, el dolor y la muerte. Cristo ha conquistado los poderes oscuros del enemigo. El vínculo de amor y gracia entre Dios y la humanidad, roto por el pecado original de nuestros primeros antepasados, Adán y Eva, ha sido restaurado con la encarnación de Jesucristo. El Reino de Dios está cerca.

El reinado de Jesucristo no está limitado por el espacio o el tiempo. Su reino es espiritual, universal y eterno. Se basa en la fe y el amor. A ese reino se entra por el bautismo. Los bautizados somos miembros del Reino de Dios y estamos unidos por la gracia divina. Por eso se puede decir que el Reino de Dios y la Iglesia que Nuestro Señor vino a establecer son una misma cosa.

Estas son las buenas nuevas de Jesucristo: el Reino de Dios está disponible para todos. Solo tenemos que abrir nuestro corazón a Dios y guardar sus mandamientos. A este reino pueden entrar todos los que llevan una vida luchando contra las tentaciones que Satanás nos envía continuamente. No importa si nuestra vida hasta ahora no ha sido digna. No importa si hemos pecado en el pasado o si solo recientemente nos hemos dado cuenta de que necesitamos pasar por una experiencia de conversión. El encuentro amoroso con Jesús en el Sacramento de la Reconciliación nos salvará dándonos verdadera paz. Y Su Cuerpo y Sangre serán nuestro viático, nuestro alimento que nos fortalecerá para esa parte de nuestro viaje que aún tenemos por delante.

Toda la humanidad está llamada a formar parte del Reino de Dios. Por eso Jesús ordenó a sus discípulos que predicaran el evangelio a todos los pueblos. Con el ejemplo de nuestra vida cristiana, mostramos el mensaje de salvación a toda la humanidad. Tenemos la obligación de dar testimonio de la verdad de nuestra fe a través de nuestras palabras y acciones ante el mundo y de llevar la palabra de la Buena Nueva de Cristo a todas las personas con las que tengamos contacto en todas partes.

Por eso el cristiano no puede permanecer pasivo ante el reinado de Cristo en el mundo. Los cristianos están llamados a extender el Reino de Cristo, aquí en la tierra. Nuestra tarea es luchar para que no haya tanto odio ni tanta crueldad. Nuestro objetivo es difundir el amor y la comprensión a nuestro alrededor. Solo podemos lograrlo mediante una evangelización constante y sincera.

Aquellos que demuestren su amor a Dios sirviendo a sus hermanos y hermanas con humildad, aquellos que hagan bien las obras de misericordia, entrarán en el Reino. Para los egoístas, los orgullosos y los de corazón duro, no hay lugar en el Reino de Dios. Cuando llevamos una buena vida y colaboramos en la extensión del Reino anunciado por Jesús, cuando intentamos hacer más humano y más cristiano el pequeño mundo que nos rodea, podemos decir que somos seguidores de Cristo. Siempre debemos recordar que en el Reino de Dios la contraseña es "servir es reinar".

Que Cristo reine en nuestros corazones, en nuestros pensamientos y en nuestras acciones, siempre y en todas partes.

¡Viva Cristo Rey!

Our Lord Jesus Christ, King of the Universe
Cycle C Book 3
Readings: (R1) 2 Samuel 5:1-3 (R2) Colossians 1:12-20 (Gos) Luke 23:35-43

Long live Christ the King!

Today we celebrate the Solemnity of Our Lord Jesus Christ, King of the Universe. With this solemnity, the liturgical year closes after having celebrated all the mysteries of the life of the Lord from his conception and birth through his public life to his death, resurrection, and ascension into heaven. Each liturgical year is like an anthology of the entire salvific mystery. Today we celebrate the love of the King of the Universe who came to establish his reign not with the air of pride and arrogance of the conqueror but with the kindness and meekness of the shepherd. The readings we have heard today show us, Jesus, as the only sovereign before a society that seems to want to live with its back to God.

As we celebrate the end of the liturgical year we are also celebrating the triumph of Our Lord over the power of the devil in this world. And we can celebrate it because we already know the outcome of this war against Satan, the king of sin, pain, and death. Christ has conquered the dark powers of the enemy. The bond of love and grace between God and humanity, broken by the original sin of our first ancestors, Adam and Eve, has been restored with the incarnation of Jesus Christ. The Kingdom of God is near.

The reign of Jesus Christ is not limited by space or time. His kingdom is spiritual, universal, and eternal. It is based on faith and love. That kingdom is entered by baptism. The baptized are members of the Kingdom of God and we are united by divine grace. That is why it can be said that the Kingdom of God and the Church that Our Lord came to establish are one and the same.

This is the good news of Jesus Christ: the Kingdom of God is available to all. We just have to open our hearts to God and keep his commandments. This kingdom can be entered by all who lead a life striving against the temptations that Satan continuously sends us. It does not matter if our life up to now has not been worthy. It does not matter if we have sinned in the past or if we have only recently come to the realization that we need to go through a conversion experience. The loving encounter with Jesus in the Sacrament of Reconciliation will save us by giving us true peace. And His Body and Blood will be our viaticum, our food that will strengthen us for that part of our journey that still lies before us.

All humanity is called to be part of the Kingdom of God. That is why Jesus commanded his disciples to preach the gospel to all peoples. With the example of our Christian life, we show the message of salvation to all humanity. We have an obligation to bear witness to the truth of our faith through our words and actions before the world and to carry the word of Good News of Christ to everyone with whom we come in contact everywhere.

That is why the Christian cannot remain passive before the reign of Christ in the world. Christians are called to extend the Kingdom of Christ, here on earth. Our task is to strive to ensure that there is not so much hatred or so much cruelty. Our goal is to spread love and understanding around us. We can only achieve this through constant and sincere evangelization.

Those who show their love for God by serving their brothers and sisters with humility, those who do the works of mercy well, will enter the Kingdom. For the selfish, the proud, and the hard-hearted there is no place in the Kingdom of God. When we lead a good life and collaborate in the extension of the Kingdom announced by Jesus, when we try to make the little world that surrounds us more human and more Christian, we can say that we are followers of Christ. We must always remember that in the Kingdom of God the password is "to serve is to reign."

May Christ reign in our hearts, in our thoughts, and in our actions, always and everywhere.

Long live Christ the King!

www.ingramcontent.com/pod-product-compliance
Lightning Source LLC
Chambersburg PA
CBHW050749100426
42744CB00012BA/1947